ZHONGWAIMINGRENDEQINGSHAONIANSHIDAICONGSHU

华盛顿　图哈切夫斯基

中外名人的青少年时代丛书

主编／林乾

编著／王丽娟　王林

常青　江继海

山西出版传媒集团

山西人民出版社

图书在版编目（CIP）数据

华盛顿　图哈切夫斯基 / 王丽娟，王林，常青，江继海编著.
—太原：山西人民出版社，2012.6

（中外名人的青少年时代丛书 / 林乾主编）

ISBN 978-7-203-07681-0

Ⅰ. ①华… Ⅱ. ①王… ②常… ③江… Ⅲ. ①华盛顿，G.（1732~1799）—生平事迹—青年读物②华盛顿，G.（1732~1799）—生平事迹—少年读物③图哈切夫斯基，M.H.（1893~1937）—生平事迹—少年读物④图哈切夫斯基，M.H.（1893~1937）—生平事迹—少年读物 Ⅳ. ①K837.127=41②K835.125.2－49

中国版本图书馆 CIP 数据核字（2012）第 067584 号

华盛顿　图哈切夫斯基

编　　著：王丽娟　王　林　常　青　江继海
责任编辑：魏美荣
装帧设计：陈　婷

出 版 者：山西出版传媒集团·山西人民出版社
地　　址：太原市建设南路 21 号
邮　　编：030012
发行营销：0351-4922220　4955996　4956039
　　　　　0351-4922127（传真）　4956038（邮购）
E-mail：sxskcb@163.com　发行部
　　　　sxskcb@126.com　总编室
网　　址：www.sxskcb.com

经 销 者：山西出版传媒集团·山西人民出版社
承 印 者：运城日报社印刷厂

开　　本：890mm × 1240mm　1/32
印　　张：8.625
字　　数：100 千字
印　　数：1-5000 册
版　　次：2012 年 6 月　第 1 版
印　　次：2012 年 6 月　第 1 次印刷
书　　号：ISBN 978-7-203-07681-0
定　　价：17.00 元

中外名人的青少年时代丛书

编委会

编者的话

时光在流逝，生命在燃烧。当我同理想和希冀相伴的青少年时代依依惜别，即将步入厚重的中年时，一种“人生几何”的感喟时常萦绕于怀。遥忆往昔贫寒的童真岁月，仍愿咀嚼那涩涩的酸楚中播撒出的永生不灭的希望之火。

幼年的时候，家乡总共不过百种物品的“百货店”里，竟有一个柜台是专门售书的。在这里，我发现了牛顿，知道了高尔基，认识了列宁，记住了鲁迅。记得那是小学三年级的事。一天放学回来，一位女同学悄悄地对我说：“供销社来了一本好书，去看看!”我们一同跑到柜台前，一看是《闪闪的红星》，价格是3角5分钱，这在当时是7个鸡蛋的价钱。我一连三天，每天放学都要去看一看那本书，很怕被别人买走。第四天，我终于鼓足勇气，对母亲说明了缘由。我怯生生地站在母亲面前，好长时间母亲没有说话，母亲那慈爱的目光一直留在我的脑海里。我拿着3角5分钱，终于如愿买回了那本书。“那一年，我7岁，听大人们说，闹革命了……”一晃，20多年过去了，当我面对苍老的母亲时，仍会清晰地记得买书的情景和书中的故事。

今天，当我踏上生于斯、长于斯又阔别多年的故土时，先要找回的还是少年的梦。还是那个位置，还是那个供销社，房屋早已翻盖一新，店主当然不再是戴着近视眼镜、眼睛一眨一眨的老师傅。除“大件”外，几乎和城里的物品一样丰富，应有尽有。可柜台里再也找不到一本书。当我看到读初一的侄子和读小学五年级的侄女的书架上，课外书几乎都是机器猫、卡通之类时，喉咙里似乎有什么东西难以下咽，心里沉甸甸的。时代不同了，教育的内容、目标和对象都在发生变化，社会改革和财富增长无疑是一个时代的进步，我没有恋旧癖，更无意美饰贫乏的年代。但当怀念起童年少年时代那种难以忘怀的景象时，内心深处总觉得我们这个社会在走向富裕的路途中还应弥补一些遗憾——强健精神的遗憾。

人无法超越生命的自然极限，但可以超越生命本身。人类正是通过他们的创造将自己的文明史推向前进。当我驻足在色彩斑斓的历史画卷前，分明感受到伟大人物的人格力量和生命的另一种延续。……毫无差错却被外公毒打；不是为了几枚铜板而是为了证明自己的勇气在棺木上睡觉；为了生生不灭的理想在阴暗的面包房里读书：这一幕幕情景仿佛伏尔加河畔不屈的少年高尔基就站在我的面前，与苦难的命运抗争。出身贵族家庭却自幼身残的拜伦，在高贵与卑贱的矛盾中让内心的苦楚升发出一种倔强、刚毅和力量。苦难的确是人生的最好教科书。当他们用心灵慢慢消受种种不幸时，也在创造一种辉煌和永恒。“青年如初春，如朝日，如百卉之萌动，如利刃之新发于硎，人生最可宝贵之时期也。”每一次记起陈独秀《敬告青年》中的这几句话，都有一种催人奋发的鞭策力量。对于不再拥有生命自然时段上的青少年时期的我，真想让心灵再走一番青少年的路：热爱生命吧！因为生命是一次性“消费”；珍惜青春吧，让青春的亮点变成一片光明，普照以后的所有生命里程。

影响人类文明史的中外名人在他们有限的生命里，创造了辉煌和永恒。他们的许许多多成功在青少年时代就奠定了基础，他们在青少年时代就怀有救国救民、立志创业的信念，这种信念强烈地影响了他们的一生。名人成功以后的事迹为人们所熟知，但他们成功之前的历史却鲜为人知，这方面的材料也很缺乏。本书对名人的家世、家教、兴趣爱好以及对其一生有影响的人和事等着墨颇多，尤其探究了中外名人之所以成功的主客观因素，我们由衷地希望这番努力对成长中、探索中的青少年会有所裨益。

林　乾

目　录

华盛顿

图哈切夫斯基

华盛顿

先例是危险的东西，因此，政府之缰绳得由一只坚定的手执掌，而对宪法的每一次违背都必须遭到谴责，如果宪法存在什么缺陷，那就加以修正，但不能加以践踏！

——华盛顿

诞生在“总统之乡”的国父

华盛顿的家族是英国古代一个著名家族的后裔。这个家族的家谱可以上溯到诺曼底人征服英国以后的那个世纪。

1656年，华盛顿的曾祖父约翰·华盛顿和其兄弟驾船远渡大西洋，一路历经艰辛来到美洲。原打算装上一船烟草再回到英国，但兄弟俩刚驶上归途，他们驾驶的双桅船就沉没了。出于无奈，兄弟俩只好暂时留在了美洲。

美洲原为印第安人居住的地方。1492年哥伦布航行到美洲以后，西班牙、葡萄牙、荷兰、法国、英国的殖民者相继侵入，用极野蛮的方式虐杀和赶走了印第安人，夺取了整个辽阔而又富饶的美洲。

当欧洲殖民者侵入时，居住在美洲的印第安人约有100万之众。他们绝大多数还处在母权制的氏族社会阶段。他们主要以渔猎为生，但也从事农业，种植玉米、马铃薯、烟草等作物。17世纪初，英国开始向北美洲殖民。当时英国的资本主义经济已经相当发达，资产阶级和新贵族要求进行海外掠夺。1606 年，英国的一些大商人和大地主组织了“伦敦公司”和“普利茅斯公司”，他们从英王那里得到“特许状”，取得在北美洲建立殖民地的特权。1607 年，“伦敦公司”派出的一支殖民队在北美洲东海岸建立了第一座城市——詹姆士敦，后来由此发展为弗吉尼亚殖民地。

从 1607 年到 1732 年这 120 多年间，英国殖民者在北美洲东岸先后建立了 13 个殖民地。

最初，这 13 个殖民地在英国的统治下各自为政，互相间并没有什么政治联系。而且，它们与宗主国之间的关系也不尽相同。在独立战争前夕，这 13 个殖民地中有 8 个是英国直辖殖民地（弗吉尼亚、马萨诸塞、纽约、新泽西、新罕布什尔、北卡罗来纳、南卡罗来纳、乔治亚），总督由英国任命，他们多数是英国的贵族或军事头目。有 3 个是业主殖民地（马里兰、宾夕法尼亚、特拉华），总督由各殖民地的业主指派，但必须经英王批准；所谓“业主”，就是一些有钱有势的大贵族或英王的宠臣，他们要求英王把北美洲大片的土地“封赐”给他们，作为他们的“领地”，由他们招募移民去垦殖。有两个是自治殖民地（康涅狄格、罗得艾兰），总督由各殖民地的有产者选举产生，也要经过英王批准。这些总督把持军事、政治、财政大权，代表英国统治集团直接统治殖民地人民。

在北美13个殖民地建立的过程中，有大批欧洲移民涌来。移民中人数最多的是英格兰人，其中有不少清教徒，但也有不少苏格兰人、爱尔兰人、荷兰人、法国人、德意志人、瑞典人、瑞士人和犹太人。北美成了他们的新家园。

1657年，约翰·华盛顿兄弟俩来到了弗吉尼亚。弗吉尼亚在美国的东部，是美国50个州中的一个州。这里风景优美，树木葱茏，最普通的树是橡树和胡桃树。大多数橡树“又高又直”，还有榆树和白蜡树。除了物产丰富外，弗吉尼亚还风景秀丽，气候宜人。沿岸一带有千里沃土和可用来航行的港湾。这里宽广而适合航行的河道、宜人的气候、肥沃的土地对勤劳的人们在此开垦、栖居最适合不过了。

不仅如此，弗吉尼亚还是“最英国化”的一个英属殖民地。这里和英国有惊人的相似之处，在这里英国的农村乡绅由种植园主来扮演，英国的农民则由黑奴替代。弗吉尼亚的种植园主也像英国的乡绅一样，乘坐着四轮马车，使用印有伦敦宗谱纹章院提供的徽号的旧银器；他们像英国治安官一样坐在法官席上执法处事，还成立地方安立甘教会的教区委员会；他们不仅阅读绅士们的书籍，还乐于社交和高谈阔论，就连娱乐方式也与英国相似。诸如：在英国乡村，保持一个鹿苑供狩猎玩赏是上层绅士的标志，因此猎鹿成了贵族的特权；而在弗吉尼亚，尽管林中的鹿群没有被局限为贵族的财产，但弗吉尼亚贵族却创造出猎狐、赛马等寻欢作乐的新花样。难怪当时人们戏称：弗吉尼亚比英国还英国。

为什么会这样呢？主要原因是：同北美其他殖民地相比，来到弗吉尼亚定居的人并不是“企图逃离英国的罪恶”，而是希望“完成英国人的功绩”；他们不是来追求英国人没有的理想，而是寻求实现英国人理想的机会。例如一个中等阶级英国人，在本国也许难以腾达，而在弗吉尼亚却很容易成为英国式的乡绅。在17世纪晚期，英国富裕商人的理想是成为乡绅，新兴的有产者梦寐以求的是从商店的柜台、繁华的市场退居到广阔田野上的庄园采邑，变成绅士。如达此目的，则他们迟早可能成为议员、骑士，跻身政界，甚至成为上院的成员；弗吉尼亚为他们提供了实现理想的场所。

不仅如此，美国的弗吉尼亚比英国社会具有更大的活力。如果说当时英国的一部分贵族开始资产阶级化，开始同商品经济打交道从而给僵化的英国封建社会带来某些生气的话，那么这种变化在弗吉尼亚显得更剧烈、更普遍。在弗吉尼亚虽然也存在着英国人的一些旧传统，但那里毕竟是新的世界、新的天地，没有根深蒂固的旧传统。所以一个贵族家庭在弗吉尼亚能比较容易地用钱“制造出来”。在弗吉尼亚这块新大陆上，社会地位的可变性和可买性使英格兰的那种世袭贵族的神秘感趋于瓦解，人们更多地重视眼前的金钱财产而不是古老的高贵血统；人们孜孜以求的是土地、黑人奴隶和烟草，而不是公爵、伯爵等封号和恩赐。于是，讲求实际、精明强干、追逐土地、富于冒险、善于经营、爱好享受成了弗吉尼亚种植园主的性格特征。

约翰·华盛顿很喜欢弗吉尼亚的这种近似于英国的生活方式和美丽的自然景色，尤其是希望能在这片新的土地上，通过自己的一番奋斗而成为一个新的富有的种植园主。基于这样的一个心理，约翰·华盛顿就在这里住了下来。

住下来以后，约翰有幸结识了当时弗吉尼亚的富家纳撒尼尔·波普一家。在同波普一家的交往中，约翰渐渐地被波普先生的女儿安妮小姐迷住了。后来，约翰就同安妮·波普小姐喜结伉俪，波普先生慷慨地给了心爱的女儿700 英亩土地，并借给女婿 80 英镑，以便于他们安家。这样，约翰就在波托马克河和腊帕赫纳克河之间的威斯特摩兰县购置了土地，在离威廉斯堡不远的布里奇斯溪畔建屋定居。

约翰·华盛顿在这片充满希望和幻想的土地上终于组成了家庭，于是，他开始了为实现理想而奋斗的历程。

约翰婚后以务农为主，他不仅经营着夫人带过来的土地，而且永不满足，同一些开拓者一样，他起早贪黑，不辞辛苦地开垦着无主的荒地……

在夫妻的共同努力下，到了 1668 年他已变成一个拥有5000 英亩土地的种植园主了。可以说，到北美来“进取”的理想部分实现了。

随着约翰种植园事业的发展，他的社会地位也得到了进一步提高。由于其家族所具有的军人素质，加之约翰热心于公共事业，所以在当时他曾被英国的弗吉尼亚殖民当局授予上校军衔。像所有的西方殖民者一样，约翰还以上校的身份投身于平息印第安人“侵扰”的活动。为了表彰他“为公众服务的功绩”和他“私人的美德”，他所在的教区被命名为华盛顿教区，并且一直沿袭至今。

布里奇斯溪庄园在这个家族中一代一代传下去。1694年，华盛顿的父亲奥古斯丁就出生在这个庄园。他长得很高大，皮肤白皙，人们昵称他“格斯”。他不仅继承了祖辈的种植园产业，而且还意外地在自己的土地上发现了铁矿。这样，他就幸运地又和矿业经营联系在一起了。

1729年，约翰的夫人病逝了，留下了劳伦斯、小奥古斯丁和简·华盛顿3个孩子。两年以后，奥古斯丁第二次结婚，新娘是当地一名叫鲍尔少校的女儿玛丽，她就是乔治·华盛顿的母亲。

玛丽3岁丧父，不久母亲改嫁，12岁时，唯一的亲人母亲又离他永远地去了。留给她的是400英亩土地，15头牛和3名黑奴。根据她母亲的遗嘱，由律师乔治·埃斯克里奇监护长大。

玛丽从小没受多少教育，又丧失父母的抚爱和家庭的温暖，因此，虽然她经常骑着配有丝绒马鞍的马匹款款而行，穿着精美的传统服装，仪态娴静文雅，但非常坚定执著。这或许就是玛丽在华盛顿父亲去世后为何能坦然地面对生活的原因吧。

奥古斯丁和玛丽婚后生下的第一个孩子就是乔治·华

盛顿。那是1732年2月22日早晨10点钟左右，小生命在布里奇斯溪庄园的老屋里来到了人间。

华盛顿的出生地风景秀丽，环境幽雅。从老屋子里可以看到波托马克河沿岸许多英里以内的景色，还可以看到对面马克兰河岸。这座老屋是和庄园一起买下的，它是弗吉尼亚原始的农舍之一。屋顶坡度很大，低矮的屋檐突出在外面。房子分为两层，第一层有4个房间，其他的房间都在阁楼上。老屋两端各有一个大烟筒。现在这座房子已经荡然无存了。

乔治·华盛顿诞生之地——弗吉尼亚，是北美洲最早、最大的英国殖民地，是一片美丽而奇特的土地。美国立国之初，这里曾先后产生了4位总统：乔治·华盛顿，托马斯·杰斐逊，詹姆斯·麦迪逊和詹姆斯·门罗。有的美国历史学家称这些总统的统治时期为“弗吉尼亚王朝”，甚至有人因此把弗吉尼亚称之为“总统之乡”、“总统之母”。弗吉尼亚似乎充满看某种令人深思的神秘之感。

18世纪中期，弗吉尼亚进入了全盛时期，“弗吉尼亚王朝”的领袖们几乎都在这时来到世上，乔治·华盛顿是他们中的“第一人”。

在华盛顿出生后不久，他的父亲因煤业之故举家搬到弗雷德里克斯堡对面的斯塔福德县的一座庄园去。这座庄园的住屋和布里奇斯溪庄园的老屋风格相似，坐落在一块高地上。屋前是奔腾着的腊帕赫诺克河，涨潮时海船在河上穿梭往来，一片繁忙景象。华盛顿小时在这里钓鱼、划船、游泳，又可在河畔那绿茸茸的草地上嬉耍。河东岸是一片宽阔的森林，这是他进行军事游戏的天然“战场”。周围还有公用的烟草仓，尚未建成的教堂，一个码头和几个采石坑。要是有兴趣，华盛顿还可游泳到对岸领略一下弗雷德里克斯堡的小镇风貌。

随着岁月的流逝，华盛顿有了三个弟弟和两个妹妹。但同他关系最亲密、对他影响最大的却是异母同父长兄劳伦斯。

在华盛顿年龄尚小、还很容易接受外界影响的时候，他的家中就有不少人相继去世。在他还不到 3 岁的时候，他就亲眼目睹了他的异母姐姐简死去了。在他 8 岁半的时候，他又目睹了他的妹妹只活了 1 岁零 4 个月就夭折了。在他 11 岁的时候，他心目中高大强壮和漂亮和善的父亲又离他而去了。因此，华盛顿早年就熟知需要用冷静理智的态度来对待死亡。这对于华盛顿在成年以后，率领军队出生入死，坚定不渝地致力于实现自己的信念，可谓是打下了坚实的基础。

父亲去世以后，华盛顿和他的同母兄弟姊妹都由他的母亲监护。他们应得的财产的收入都由他们的母亲代管，直到他们各自成年时为止。母亲玛丽没有辜负这一委托。她深明事理，办事十分认真，而又能当机立断，治家甚严。由于丈夫的过早去世，使她更加要求儿女们尊敬她。华盛顿是她的长子，所以，她对他的要求也最严格，有时近于苛刻。尽管家里生活条件没有因为华盛顿父亲的去世而有所改变，但是她从来不给华盛顿以不应有的特殊待遇。华盛顿孩提时代的朋友曾回忆其母亲说："我怕她胜过怕自己父母亲10倍！"

华盛顿从少年时起就绝对地尊敬她，后来习以为常，直到她去世时为止。华盛顿的急躁脾气和威严的气派就是她留给他的，不过她早年的教训和榜样也使他懂得，他必须控制自己的脾气，平等待人，处事公道。

如果华盛顿在少年时代同他母亲的关系是僵持和冷漠的，那么他兄弟之间，特别是同异母同父长兄劳伦斯之间却充满手足情谊。这种情谊填补了华盛顿心理上缺乏母爱的空虚，对华盛顿的性格形成颇为重要。

至于华盛顿的家庭，可以说是一个典型的殖民地农村的简朴生活和欧洲的优雅生活融合在一起的家庭。一方面，由于他的家庭根植于北美 13 个殖民地的土壤上，这就难免不带着一些当地人的豪爽及勇于开拓和吃苦耐劳的精神；另一方面，又由于他的家庭源于欧洲移民，则使得他的家庭又继承了欧洲各国的一些礼仪。

在华盛顿的少年时期，他曾着手编写了一本名叫《待人接物行为准则》的书。这书规则极其周密详尽。它涉及个人行为准则和一些非常琐细的小事，准则包括这样一些内容：在朋友交往中，做每一个动作都要对面前的伙伴表现尊重；在别人面前不要用嗡嗡的鼻音唱歌，也不要用脚打拍子；不要探听别人的事；看到别人私下谈话，应当回避；不要在饭桌上用桌布擦牙；不要幸灾乐祸，即使对你的仇敌也不应如此；不要在背后说别人的不是，因为这是不公道的；等等。这些准则虽然订得刻板，但是却表现了华盛顿严于修身的决心，也显示了少年华盛顿的道德观念。

华盛顿不仅注重于修身养性，而且在少年时就十分诚实。有一个在美国流传十分广泛的“樱桃树”的传说就很能说明问题。

传说华盛顿父亲的种植场里有一个很大的果园，里面种着许多苹果树、樱桃树……要是在收获樱桃的季节里，走进果园就会看到一番特别的景色：一簇簇红色的樱桃垂挂在绿叶丛中。对于这些樱桃树，华盛顿的父亲十分喜爱。

庄园中的大果园也是小华盛顿经常出没的玩耍之地。一天，小华盛顿在家里发现了一柄父亲新买来的斧子。为了试试斧斧子那锋利的刃口，他来到了园里。

他想：要是能在树干上试一试斧子的利害岂不很有趣？于是，他就找了一棵樱桃树，抡起斧子往树干上猛砍了几下，只听“咔嚓”一声，樱桃树终于折了下去。小华盛顿看着倒下的樱桃树，心中充满了胜利的喜悦。

第二天早晨，华盛顿一家人正在吃着早饭，父亲奥古斯丁怒气冲冲地走进了房间问：“谁把我的樱桃树砍了？”

屋里一片寂静，没有人答话。过了一会，有人问了一句：“砍了哪一棵？”“嘿，偏偏砍了我刚买来的一棵！”奥古斯丁顿了一会，说：“这是一棵英国种的樱桃树，我花了好多钱才买来的呢！”

听了父亲的这几句话，华盛顿顿时恍然大悟：原来是他闯下了大祸。他万万没想到，昨天所砍的那棵树竟是父亲最近买来的良种。

忽然，父亲把脸转向了华盛顿，问："乔治，你知道是谁把我果园里那棵美丽的小樱桃树砍倒了吗？"

华盛顿犹豫了片刻，突然抬起头，注视着父亲，态度诚恳地说："爸爸，我不能说谎！我不能说谎！是我用斧子砍倒了樱桃树。"

他坦率地承认了自己的过失。父亲激动地表示，小华盛顿的诚实远远超过了樱桃树的价值。

这个传说流传甚广，影响很大。"我不能说谎"成了小华盛顿为人诚实的最好写照。

父亲去世后，虽然家境没有什么大的变化，并且华盛顿的年龄还很小，但是，他却竭力模仿他父亲在土地事务上喜欢寻根问底的作风。特别是在体育锻炼方面，他更是有着严格的律己精神。他经常参加各种各样的体育活动，如跑步、跳高、拳击、掷铁圈和投棒等等。他的体格在襁褓时代就强壮有力。现在在比灵活、比体力的竞赛中，他又胜过了他的大多数同学。加上他生来就正直诚实，从早年起办事就十分公道，因此很快就受到同学们的拥戴。常常被同学们推举出来，充当学校法规的制订者。这样，在少年时代华盛顿已表现出了他的组织和领导才能。

华盛顿的少年时代，英属北美13个殖民地的经济发展很快，各殖民地之间的经济来往日益频繁：新英格兰一带的殖民地把工业品运销到南方，南方的几个殖民地则以一部分粮食和原料供应北方。随着水上运输的发展和公路交通的开辟，初步形成了统一的民族市场。同时，城市人口也在日益增加：当时北美最大的城市宾夕法尼亚的首府费城，已拥有居民约 3 万人；纽约城已拥有居民约 2 万人；马萨诸塞的首府波士顿则拥有居民 2.2 万人。这些城市逐渐成为 13 个殖民地的政治和经济中心。到 18 世纪中叶，英属北美殖民地的人口总数已接近 300 万人。

各殖民地之间的经济、文化交流，促进了共同文化生活的发展。大学教育兴办起来了，哈佛大学（1636 年）、耶鲁大学（1701 年）、普林斯顿大学（1746 年）、宾夕法尼亚大学（1751 年）和哥伦比亚大学（1754 年）先后创立，各大学的毕业生遍及北美殖民地。许多殖民地都建有图书馆，每个殖民地都发行了自己的报纸和杂志。由于邮政事业的迅速发展，这些报纸和杂志已经越出殖民地的边界流传各地，促进了殖民地之间的文化交流。占北美 13 个殖民地 2/3 人口的英国移民使用的英语，在经济、文化交往中逐渐成为各殖民地的共同语言。但它已经不是纯粹的英格兰语或苏格兰语，不仅声调和重音有些变化，而且从印第安人、黑人，特别是以欧洲大陆各国移民那里吸取了许多新词汇，形成了美国式的英语。

总之，来自世界各地，其中主要是来自欧洲和非洲各国、各地区的移民，几代生息于北美大陆，逐渐初步形成了新的美利坚民族。北美大地上，一场风暴就要来临了。乔治·华盛顿在这场即将降临的风暴面前，又是如何渡过他的童年的呢？

少年“总司令”

法国著名雕塑家乌东（1741—1828）曾在美国弗吉尼亚州的首府里士满的议事堂广场上雕塑了华盛顿骑马的塑像。后人一看到华盛顿的这座骑马驰骋的塑像，就仿佛又回到了那个战火弥漫的年代；又回到了华盛顿身为大陆军总司令，率领着为独立而战斗的大陆军、奋勇向前的年代。在此雕像面前，后人无不为华盛顿的勇气和毅力所折服。

其实，谈到华盛顿的勇气和毅力，以及他在独立战争中的天才军人素质，不能不让人们去追溯一下历史。到底是什么样的历史环境给美国的历史创造出了一个伟大的“大陆军总司令”。

18世纪的北美洲并不太平。英法这两个殖民地大国，不仅在欧洲展开了霸主地位的争夺，而且在殖民地展开大战。经过较量，在英法7年战争爆发前（1756—1763），英国从法国手中夺得北美洲阿卡狄亚、纽芬兰、哈得逊湾一带地方。连年的战火，也深深影响着北美洲殖民地人民的生活，尤其是像弗吉尼亚这样一块英国化极强的殖民地。

在弗吉尼亚，每当宗主国英国有大的争夺殖民地的军事行动时，其上层统治者则纷纷响应参加进去。一时间，英国已把北美 13 块殖民地牢牢地绑在了自己的战车上。这种硝烟战火的环境，对华盛顿家族可谓影响极深。

华盛顿小时候对从事土地买卖、大赚其钱的父亲尽管充满了敬意，可由于父亲整日忙于商业和管理种植园，所以平时接触却不多。他也不喜欢他的母亲，因为她专断和过于威严，尤其是对华盛顿这位她的第一个儿子，更是管教甚严。对年幼的华盛顿影响最大的是他的同父异母兄长、比他年长 14 岁的劳伦斯。自 11 岁丧父后，华盛顿把劳伦斯当做代替父亲的人，事事仿效他。

劳伦斯具有华盛顿家族一脉相传的某些军人气质。环境也很快使他发挥了这种才干。

1701 至 1713 年西班牙王位继承战争以后，根据《乌特勒支和约》，英国从西班牙手中夺得了独占西班牙美洲殖民地黑奴贩卖权的权利。然而，战败的西班牙却不甘心在这场争夺中的失败。于是，这个昔日的海上强国就开始频繁地对英国商船队进行小规模的攻击和掠夺。

1740 年，西班牙人抓住机会，对英国商船队进行了海上掠夺。这次掠夺震惊了英国王室。在英王的指令下，英国方面采取了报复行动。西印度群岛英军总司令弗农海军上将（1684—1757）率军占领了达里安地峡的贝洛港。对于英军所采取的军事行动，西班牙人准备报仇雪恨。他们联合法国，想在海上再次与英军决一雌雄。

战争乌云笼罩在大西洋两岸。

在英格兰，英军纷纷登船，准备开到西印度群岛去攻击西班牙人的势力范围。英国还计划在各殖民地征兵，成立一个团，派到牙买加去增援。在整个弗吉尼亚，备战气氛骤然紧张。各个村子里都可以听到鼓声笛声，都可以看到征兵人员在街上列队行进。

这种气氛也渗透到了华盛顿家中。

当时已经22岁的华盛顿的哥哥劳伦斯也跃跃欲试。他在新成立的那个殖民地兵团中谋得了一个上尉的位置，在1740年中随团开往了西印度群岛。

劳伦斯参加了弗农海军上将和温特沃思将军联合指挥的多次战役。他曾在温特沃思将军的陆军部队中服役，并赢得了这两位高级军官的友谊和信任。在他的军事生涯中，可谓是充满了生与死的考验。

对于哥哥劳伦斯的这些军事活动，虽然华盛顿还仅仅是个8岁的孩子，可无疑是深有感触的。他曾亲眼看到弗吉尼亚的紧张军事气氛，劳伦斯为参军而奔忙着；亲眼看着哥哥整备行装，在亲友的相送下奔赴战场……每当哥哥劳伦斯上前线后，华盛顿的心也就被牵到了战场。无论是白天还是黑夜，华盛顿总是惦念着远在战场上的大哥哥。每当战地邮差把劳伦斯的信送到家中之时，华盛顿都会兴奋异常。他从信中和其他来源听到了许多关于前方战争的故事，时常会被劳伦斯信中有关战争的喜怒哀乐所左右，仿佛自己也置身其中。

一次，在战争的间歇期间，劳伦斯风尘仆仆地赶回家中探望。这可喜坏了小华盛顿，他也不管哥哥的旅途劳累，直嚷着要哥哥讲打仗的事情。于是，一幕哥哥在烛光下给弟弟讲战斗故事的画面产生了。

“有一次，我接到命令去进攻西班牙人的军事要塞卡塔赫纳镇。可是，战斗刚开始，我发现情况非常糟糕。因为我们舰上的大炮打不到这个城堡，加上我们翻城用的云梯又太短，急得我像热锅上的蚂蚁。”劳伦斯讲到这里，稍稍停了一下。

小华盛顿听了急了起来，撅起嘴急切地问：“哥哥，那该怎么办呢？”

劳伦斯高兴地看了弟弟一眼，笑着说：“怎么办？打仗就得靠勇敢了！”

说完，劳伦斯收敛起笑容，继续说：“我是个指挥官，就带头往前冲了。我想即使攻不下城堡，多消灭一些敌人也是好的。我们就把几个短的云梯接起来，冒着枪林弹雨往上爬，爬不上就退下，然后往城上打一阵炮，再去爬。就这样攻了几个小时，虽然城堡没有攻下来，可是我们打死打伤了许多敌人。战斗结束以后，我还受到上级嘉奖呢！”

听到这里，华盛顿的眼前仿佛出现了硝烟弥漫的战场……

就这样，在当时的环境影响和哥哥劳伦斯熏陶下，华盛顿幼小的心田中，渐渐萌生起一个梦想：长大要参军打仗，争取功名。

在这种梦想的驱使下，他的一切游戏也都带有军事的色彩。在学校中，他时常把同学们都变成士兵。

一天，刚刚上完课，同学们三三两两背起书包，有说有笑地准备回家。

“慢走！慢走！”同学们忽然听到了喊声。循声望去，原来是小华盛顿正在那里一本正经地叫着。

"干什么，为什么不让我们走呢？"同学们都用惊异的目光看着华盛顿，并向他问道。

小华盛顿扫了一眼同学们，然后像宣布一件重要事件一样，对大家说："我们来玩军事游戏好么？"

军事游戏！多么诱惑人的游戏呀？同学们轰的一声嚷开了。"既然要玩军事游戏，那我们得选一个总司令才好！"不知哪位同学插嘴说道。

于是，一场选举总司令的工作就迅速展开了。经过同学们七嘴八舌的争论，最后决定选华盛顿为他们的总司令。

华盛顿对于这个选举结果也不推辞，他一脸严肃地再次扫视了同学们一眼，目中流露出少年的稚气和威严。

"立正！"随着华盛顿的一声口令，同学们都陆陆续续地排成了整齐的队列。此时的小华盛顿俨然就同一位真正的军队总司令一样，神气十足地指挥操练着队伍。

他们进行模拟阅兵、演习和假想战斗，每一次的游戏又是那样的认真。直到夕阳西下，华盛顿才和他的同学们结束了这种军事游戏。

自此以后，小华盛顿的"总司令"称呼就在当地少年中间传开了。在这些活动中，华盛顿充分展示了他的才华，特别是非凡的组织力和果敢精神。加上他办事公正，华盛顿在同学中的威望就日渐提高，最后被一致推选为霍比学校的总司令。

1742 年秋天，华盛顿的哥哥劳伦斯终于从前线回到了家中。哥哥的回家，使得华盛顿异常高兴起来。他时常追随着劳伦斯，听他谈论一些战场的事情，还模仿他的言行。少年华盛顿的军事知识日渐增长起来。

第二年的 7 月间，劳伦斯和费尔法克斯县的威廉·费尔法克斯先生的长女安妮小姐举行了婚礼。婚后，劳伦斯把自己的庄园改称弗农庄园，以纪念那位海军上将。小华盛顿则成了弗农庄园的常客。在弗农庄园的日子里，劳伦斯威严的军人气质无疑对华盛顿的一生产生了深远的影响。

1746 年 9 月，弗吉尼亚暑气未消，只有吹到身上的海风才带来几分凉意。华盛顿迈着矫健的步子从他本人居住的费雷农场（父亲去世后留给他的农场）来到弗雷德烈克斯堡，只见那里砖房掩映在葱茏的树木之中，一条主街延伸到很远的地方。忽然，华盛顿看见他敬重的威廉·费尔法克斯向他迎面走来，邂逅相遇，格外亲热。相互寒暄以后，费尔法克斯郑重其事地从口袋里掏出两封信（一封给华盛顿，一封给他的母亲），并用十分关切的口气告诉华盛顿：这是劳伦斯写的信，内容非常重要。

华盛顿带着疑虑的心情急忙拆开信来看。原来，信中是劳伦斯向他介绍海上生活的许多好处，言语中带着几分劝导华盛顿从事海上工作的意味，并叮嘱他要对母亲严加“保密”。

华盛顿很快从信中体味出哥哥劳伦斯的真意，加上富有冒险性的海上生活对他具有很大的吸引力，华盛顿立即告诉费尔法克斯他决定接受劳伦斯的忠告去海上参加工作。

翌日，威廉·费尔法克斯正式向劳伦斯提出让华盛顿去英国海军舰队工作的计划，因为英国皇家海军格林上校需要一名水手。为了使华盛顿能够顺利成行，费尔法克斯还通过同华盛顿母亲玛丽有来往的一名医生去说服她同意让儿子出海。

开始，玛丽仿佛有心答允。可是几天以后，她又变了卦，坚决不让华盛顿出海了。原来，华盛顿母亲在知道他要去当水手后，曾托一位去英国的朋友给住在英国的异母兄弟约瑟夫·鲍尔捎信，希望他帮助了解一下当水手的前途如何。1747 年 5 月 19 日，约瑟夫在给玛丽的回信中说，当一名普通水手工资不高，再经中间克扣更是微乎其微，更何况船主对水手欺压太甚，把他们当成黑人，甚至连牛马都不如。至于进入海军更是一种奢望，因为英国有许多人对此垂涎欲滴。他还认为做一个有三四百英亩土地和三四名奴隶的种植园主，只要勤奋肯干，生活一定会舒适富裕。他甚至主张华盛顿不要急于发财致富而应耐心地顺其自然发展。

虽然约瑟夫舅舅这些利弊得失的分析并没有使年轻的华盛顿发生兴趣而改弦更张，但是对华盛顿母亲的抉择却具有“决定性的”影响。

后来，华盛顿不无感慨地说，他虽然已为出海整装待发，但是这计划最后还是为母亲那诚挚的请求而“取消”了。

人生道路上充满着许多意料不到的偶然因素，有时会因一举、一动、一言、一行而改变一个人整个人生道路的方向，使人生展现出完全不同的色彩、格调，甚至酿成许多戏剧性的悲喜剧。华盛顿母亲拒绝儿子出海对华盛顿的一生影响可谓是巨大的。尽管历史的假设是不现实的，但它却能给人以启发、思索。

假如华盛顿当了海员，那么他的一生将完全是另一番模样，他是否能成为英国军队中一名忠于乔治国王的军官？谁也无法下这个结论。但华盛顿要想成为美国历史上的开国元勋则是很难的了。

华盛顿在费农庄园的时候，受到了劳伦斯真正慈父般的关心。特别是劳伦斯从战场回家后，很快成了那个地方当之无愧的有名望的领袖人物。他是市民院议员和本地区的少校衔副长官，不仅参与当地的管理及立法，而且还负责当地的治安，领有定期的薪饷。这样一来，劳伦斯就成为华盛顿幼年时崇拜的英雄。

少年华盛顿不仅已经有“总司令”的“战斗”经验，而且在当时的客观环境下，也已经逐渐积累和具备了一个未来军事家的素质。完全可以说，正是当时的历史环境造就了华盛顿这位“少年总司令”。

带有泥土气息的早期教育

华盛顿少年时期，北美殖民地已经出现了一些新式的大学，诸如美国现今比较著名的哈佛大学、耶鲁大学、普林斯顿大学、宾夕法尼亚大学、哥伦比亚大学等都建立了起来。不过，这些大学都是“殖民地”大学，南部地主送他们的子女到新泽西普林斯顿大学学习，北部商人把自己的子女送到宾夕法尼亚大学就读。再加上弗吉尼亚的学校相对较少，富裕的农家有一种风气，喜欢送儿子到英国去完成学业。华盛顿的父亲自然也不例外。他曾先后把长子与次子送到英国去学习，无疑他认为劳伦斯是这个家族未来的家长。待到华盛顿该上学的时候，父亲仍希望华盛顿能够步两个哥哥的后尘。

在华盛顿刚刚懂事的时候，他就被父亲送到附近一所最好的学堂里去接受一些初步的教育。当时民间把这种学堂叫做“老式学堂”，充满着北美大地的乡土气息。

华盛顿上学的学堂，房屋十分简陋，教书先生是他父亲的一个佃户，名叫霍比。他还兼任教区的教堂司事。霍比不仅教一些最简单的科目，如识字、写算等技能，他还言传身教，使华盛顿从小就具有善良的品德、深明做人的道理。除了在“老式学堂”接受知识外，华盛顿在家里还受到他的修养极好的父亲智力上和道德上的熏陶。

华盛顿曾亲眼见到父亲慈善地对待每个人。特别是对那些吃了上顿没下顿、暂时拿不出钱但一贯勤奋干活的人，不论黑人还是白人，他总是以记账方式先给他们所需的面包和其他食品。从父亲身上，华盛顿学到了达观和执著，学会尊敬所有的人，包括那些被别人看不起的黑人奴隶。

1742 年春天，正当华盛顿发奋攻读的时候，一个天大的不幸降临到他的头上。在华盛顿心目中高大英俊的父亲突然离他而去了。事情来得太突然了，使得华盛顿无限哀痛……

父亲去世后，由于在家里再也得不到父亲的教诲，而教堂司事霍比所教的课程又非常有限，不能满足华盛顿的日益增长的需要，母亲就把他送到布里奇斯溪庄园去，让他和他的二哥奥古斯丁·华盛顿住在一起，在那里的一所好一点的学校里就读。

华盛顿的母亲出生于庄园主人家，自小就失去了父母。她面貌俊美，性格开朗，虽识字不多，但聪慧精敏，见多识广，非常干练，很会应酬。未结婚前就在自己的小庄园中主持家务。婚后又挑起了主持新家家务的重担。她在处理家庭事务时，总是带着爱子华盛顿。久而久之，母亲开朗爽直和干练的性格、精明果断的办事能力，对童年华盛顿产生了一定影响。

按照母亲的意思，华盛顿应多学一些应用方面的知识，例如如何测量土地、算账、种地等等将来管理庄园的知识。的确，华盛顿在新学校里所学课程也是普通而实用的。就连当时一些富家子弟崇尚的学科，如修辞学和文学，他也没有学过，甚至从来没有学过当时是外交语言的法语。

在学校里，他学得最好的课程是数学。当年的手写作业本至今仍保存完好，可以看出是整洁和准确的范本。其中有一本是数学作业本，上面有小孩子的一些书法图画：大笔一挥画出来的不知名的小鸟，还有一些侧面像，大概是为他的同学们画的。除这本外，其余的作业本都是严肃的和一本正经的。

从童年起，在华盛顿的思想和行动中有两个词是重要的，即“细心”和“明确”。据说有一次他推算出一磅红三叶草种子有 71 000 粒。他考虑问题总是很细心，一旦作出决定，就以极大的毅力贯彻到底。

在华盛顿 13 岁以前，他已经把各类商业文件、法律文件、汇票、期票、契约、债券等等的格式抄录成册。靠了早年这样的自学，他学会了律师们起草文件的技能，养成了商人们随时记账、毫厘不爽的习惯，终身受用不尽。后来，他在处理各个庄园的事务时，都是亲自办理来往账目和金钱交易事项，并且亲笔一一记在账簿中。这些账簿是他办事有条有理、一丝不苟、从不懈怠的明证。

在布里奇斯溪庄园附近的学校里，华盛顿又继续学习了将近两年时间。从 11 岁到 13 岁这个年龄，正是一个少年思想性格形成的重要时期。因此，布里奇斯溪庄园附近的这所学校的教育对华盛顿产生的影响是不可忽视的。

在当时，这所学校的教育是比较有特色的：

第一，学习也好，品德修养也好，要求都十分严格，尤其着重于数学的教育。在全部课程中，数学课几乎占了将近一半的课程。这或许是为了造就新一代的土地开拓者，使毕业生在以后向西部的进取中能够得心应手。另外，学校还注重“修身”教育，学生外表必须整洁，举止必须有礼貌。学校中的纪律十分严格。

第二，学校积极提倡学生学以致用，要求学生在学校里不单是读书，而且要学会办事，养成自立的能力。特别是要把课堂中所学与实践结合起来。

在这所学校的两年学习中，华盛顿不仅专心致志地学习了数学，还接触阅读了一些资产阶级启蒙思想家的书籍。如本杰明·富兰克林（1706—1790）的《致富格言》，在社会上流传甚广。其中所宣扬的“光阴乃生命之源”，“勤勉乃幸运之母”，“年华易逝，宜早积钱”，“空袋囊，立不起”，“有钱就有后代”，“你能好好照管你的商店，你的商店自然能好好照管你”等等思想不能不影响到华盛顿。

华盛顿性格中对人很有吸引力的一个因素是谦虚，这在学生时期就表现出来了。尽管品学兼优、在各种活动中都是活跃分子，但他从不骄傲，从来不是锋芒毕露、盛气凌人。相反，总是尊重别人，总是那样“温和诚实”。他十分自重自爱。由于华盛顿的聪明才干和热心为大家办事，赢得了同学们的信任。

随着年龄一天天增长，随着对北美殖民地情况的了解加深，华盛顿逐渐开始忧国忧民了。他在布里奇斯溪庄园附近的这所学校学习的时候，英国统治集团加强了对殖民地的控制和掠夺，殖民地与宗主国之间的矛盾尖锐化了。

不仅广大劳动人民公开举起反对英国殖民统治的义旗，就连资产阶级、种植园主也时常采取一些议会斗争的形式来获取一些权益。

可是，华盛顿那时还毕竟是一个少年学生，各方面都不成熟。究竟怎样才能将北美殖民地从英国的束缚下解放出来？少年的华盛顿正处在最初的观察中，一时还没有认识到英国统治阶级的本质面目。

一晃两年过去了。1747 年，正当枫叶变红的时节，华盛顿又从布里奇斯溪庄园搬到了他大哥劳伦斯的芒特弗农庄园。这是华盛顿梦寐以求的事情。这里林木葱茏，环境幽静，波托马克河上的点点船帆穿梭来往，静中有动，富有诗意。不过，吸引华盛顿的却不是这里的诗情画意，而是能够以后和大哥在一同生活了。

来到弗农庄园后不久的一天，华盛顿在哥哥劳伦斯的引荐下，有幸结识了哥哥劳伦斯的岳父威廉·费尔法克斯爵士。

爵士出身英国望族，知识广博，经验丰富，曾从军征战，功勋卓著。几年前，他来弗吉尼亚定居，照应看管他堂兄托马斯·费尔法克斯勋爵的地产。他们住在离芒特弗农不远的“坚尔沃”庄园内。园内有一幢砖砌的两层楼房，与此相连的是一个装修精美、各种花草果树井井有条的花园。

华盛顿经常去坚尔沃做客，深得威廉·费尔法克斯的赏识。后来勋爵来到弗吉尼亚以后，对华盛顿也十分看重。通过同这些英国贵族的接触，华盛顿学到了英国上流社会的道德观念、礼仪典章和高雅风度。

当时，勋爵十分喜爱猎狐。在猎狐过程中，他与华盛顿结下了深厚的友谊。正是这种友谊，使得勋爵坚信，华盛顿能够帮助他去完成一项艰苦的工作。

勋爵在蓝岭那边的领地从来都没有正规的移民定居，也没有勘察丈量过。非法的移民，在最好的溪流和最肥沃的河谷开荒种地，实际上占领了这片土地。托马斯·弗尔法克斯勋爵迫切希望派人对这些土地进行考察和测量，以便把这些闯入者赶走。由于他见过华盛顿在弗农山庄的测量作业本，并且注意到他对每一项作业都做得准确而妥帖，所以，他认为华盛顿虽然年轻，却适合做这项工作。勋爵一提出这项建议，华盛顿就欣然同意了。

按照美国当时的实际情况，最重要的学科之一就是土地测量。华盛顿非常用心钻研并且彻底掌握了这一学科的知识。他在见习管理庄园的过程中，运用最先进的土地测量法对周围的地区进行了测量，并且把测量结果定期记入田亩登记簿中。这既巩固了学习成果，又把理论与实践结合了起来。在华盛顿测量过的田亩的边界和丈量结果登记簿中。他还仔细绘了图表。登记簿既整洁又准确，就仿佛整个工作同重要的土地交易有关，而不仅仅是学校的作业似的。由此可见，在少年时，他不管办什么事情都做得既彻底，又贯彻始终。他从来都不半途而废，也从来都不马马虎虎敷衍了事。他终生都保持着这样培养起来的工作作风。不管他遇到多么艰难危险的环境，不管他面临多么复杂的任务，也不管他多么忧心忡忡，他都能找到时间办完一切应当办的事情，而且办得很好。他就像有一种可以把一切事情都有条不紊地办好的神奇办法。这种神奇方法本身就可以创造出奇迹。

华盛顿既没有在英国受过教育，也没有在美国受过高等教育。也许，这反而更好，因为这样一来，他就更容易变成一个实干家，更容易接触美国的社会和各阶层的人们，更加带有祖国泥土的气息，生活作风也更加朴素。也可以这样说，正是这种在殖民地的弗吉尼亚接受的非正规普通教育，使得华盛顿幼小的心灵中产生了新的国家的理念。同时，一种神圣的信念——各殖民地必须联合成一个新的国家；只有通过联合，各殖民地才能够避免被欧洲各大帝国吞并——已在内心深处朦胧地扎下了根。

华盛顿少年时代是很平凡的，然而他在平凡中也具有自己的特征。他作为欧洲移民的后代，继承了不怕困难、爱好探索、敢于进取的精神。在美国弗吉尼亚广阔的新土地上，他爱好游泳、骑马，练就了魁伟的体格。他出身于种植园主家庭又同英国贵族费尔法克斯家族频繁交往，受到英国绅士传统的熏陶，因此在他的粗犷体魄中蕴涵着坚毅的意志力，做任何事决不半途而废，彬彬有礼的绅士风度和被克制着的丰富感情统一在一起。对母亲的冷漠和对兄长的挚爱构成了他的感情世界中的两个方面。他没有进过书声琅琅的高等学府，却在自学中对数学产生了兴趣，这种兴趣同日后测量土地结合成一种应用性很强的知识和能力。

总之，少年华盛顿的身上存在着欧洲移民的特征、英国贵族的思想传统、内向的性格和军人的气质。这些因素在他跨出人生第一步的时候越来越显示着某种力量。

这时的华盛顿，同他在布里奇斯溪庄园的“时代”相比，已有了显著的变化。但更大的变化，还是发生在他到西部去测量土地以后。

独立生活的开始

华盛顿在他的童年时期所寻求的是军事艺术和向西部开拓。或许是当时战争的频繁，军人在世人眼中象征着荣耀；或许是当时西部土地广阔，开拓就意味着财富。他的这两种相互关联的志趣指引着他大半生的生活方向。

1748 年，华盛顿已经在芒特弗农庄园“悠闲”了近一年的时间。在这期间，乡间的生活陶冶了他热爱大自然的情操；在郊野的狩猎中，锻炼了他的骑术和毅力。更重要的是，一年中，通过和哥哥劳伦斯及勋爵一家的交往，使华盛顿增长了见识、开阔了眼界。无论是劳伦斯的英国学习生活、海上经历、战斗历险，还是勋爵的上流社会礼仪……都使华盛顿神往。同时，这也促使他更加思考起自己的未来。这是放在华盛顿面前的难题。他还年轻，并且有着远大的抱负，希望成为军人或是向西部开拓。但是，如何着手来实现自己的愿望呢？

恰在此时，费尔法克斯勋爵选中了他，希望华盛顿能够帮助他去西部测量一下自己在那里的土地。华盛顿一想到要去谜一般的西部，便欣然接受了勋爵的邀请。

西部，在华盛顿童年时代主要是指阿巴拉契亚山脉以西的广大地区。根据自然环境和经济特征。北美殖民地最初可分为 3 个部分：

南部殖民地，包括弗吉尼亚、乔治亚、南、北卡罗来纳、马里兰 5 个殖民地。这里土地辽阔、土壤肥沃、气候温和，适合大面积种植烟草、水稻和蓝靛等单一作物，因而发展起以奴隶劳动为基础的种植园经济。种植园一般有 500 到 600 英亩土地，最大的达 5000 英亩以上。种植园主既是地主、奴隶主，又是农业资本家。

北部新英格兰殖民地，包括马萨诸塞、新罕布什尔、康涅狄克和罗德艾兰 4 个殖民地。这里沿海地带平原狭窄，地多黏土，且杂有漂石和沙砾，难于开垦，因而形成了以小农为主体的小土地所有制。种植园的数目很少，但奴隶贸易却很盛行。商业资产阶级在奴隶贸易和走私活动中谋取暴利，然后把资本投到工业中去。

中部殖民地，包括纽约、新泽西、宾夕法尼亚和特拉华 4 个殖民地。这里的自然条件介于南北之间，兼有南北特征，但更接近于北部。有大种植园经济，但以小农经济为主。主要生产小麦、大麦、稞麦和亚麻等多种农作物。

西部在当时还是一片未被开垦的“处女地”，是印第安人的乐园。

3 月 11 日，弗吉尼亚的早春天气虽然还带有一丝寒意，但大地已经苏醒，远处的丘陵已披上一层淡淡的嫩绿色的薄纱。华盛顿经过一番准备以后，告别了母亲和家人，在哥哥劳伦斯的相送下，和劳伦斯的妻弟乔治·费尔法克斯一起，骑上马，挎着包，带着测量工具，披着朝霞向着日落的方向前进。这一天对别人来说也许毫无意义，但对于华盛顿却是他独立生活的起点。

此时，尽管华盛顿仅仅只有 16 岁，可已有迹象表明他是一个早熟的少年小伙子了。他不仅体格长得像一个成人，而且有坚强的意志，能吃苦耐劳，胆大心细，有较好的数学和制图基础，工于测量。除此之外，长时期的庄园生活，使他在父亲及哥哥的影响下，熟悉了农场生活的各个方面，懂得稼穑，善于识树木。这时华盛顿在心理上也已经开始承受失恋的痛苦了。

这一年，华盛顿经历了一段充满朦胧意味、颇具罗曼蒂克情趣的早恋。他被一位称做“低地美人”的姑娘扰乱了心房。一次，在费尔法克斯家里举行的舞会上，有位柔情脉脉、比他年长的姑娘，使华盛顿一见钟情。她那清澈如湖水的蓝眼睛，她那旋转起来柔如柳丝的腰肢，她的一颦一笑、一举一动都使这位痴情少年牵魂动魄……华盛顿痛苦地失眠了。他被那种情窦初开的、朦胧而又茫然的复杂情绪捉弄着。然而，华盛顿是位行为拘谨、处处遵循守则的少年，怎么好冲破那些自立的行为规范去表白呢？这种无法倾诉的情思，都被华盛顿记录在了自己的日记中。而在众人面前，他变得缄默不语了。尤其是在女性面前，他保持着令人难耐的沉默，甚至举手投足，都伴有难以控制的局促不安。据一位当时接触过华盛顿的女士回忆："他是一位很容易脸红的青年。我当时常常希望他多讲几句话……"华盛顿在给一位叫罗宾的好朋友的信中说，他曾热恋着一位"低地美人"，可是，这仅仅是单相思；"假如我可以离青年妇女们更远一些，我就可能把那场令人烦恼的童贞的热恋置于脑后，从而在一定程度上减轻我的苦恼"。这或许也是促使华盛顿决心外出测量土地的一个因素吧。

华盛顿骑在马上，让马缓慢地走着，尽情欣赏着弗吉尼亚大自然的风光。春风夹杂着泥土的气味扑面吹来，浸人心肺，使得华盛顿简直无法形容自己的心情了。他一想到风光秀丽的蓝岭，山顶上白雪皑皑，河谷里春意盎然；

纵马驰骋在那山脚下大片大片的沃野良田上，穿过茂密而壮阔的灌木丛林，露宿餐风，猎兽充饥，在篝火旁过夜，用松枝架起炉灶烤肉……华盛顿就兴奋不已。在他的脑海里对此次远行，可谓是充满了憧憬。

华盛顿和费尔法克斯骑在马上向蓝岭进发着。他不时地抚摸一下自己的挎包，那里装着心爱的日记本。华盛顿在踏上征程的时候，哥哥劳伦斯曾叮嘱他遇事要顽强、勇敢，要有坚韧不拔的勇气；勋爵曾以饱含希望的目光目送他离去。面对亲人的厚望，他决心要用日记来详尽地记载西部广袤的大地风情。

来到目的地以后，只见广阔的原野上，青草萋萋。休息一会以后，他们就开始忙碌起来。丈量土地可不像游山玩水那样轻松愉快，加上当时又没有先进的仪器，只能靠标杆之类的简单工具目测步量。华盛顿工作细致，他不仅记下长度、算出面积，而且还把土质的类别也详细作了记录。一直干到太阳西下，他们才到附近的农家中吃饭宿夜。

在昏暗的烛光下，华盛顿拿起主人为他们准备的面包送到嘴里一嚼，就皱紧双眉。这面包又硬又粗，怎么吃得下去？可是，华盛顿当时饥肠辘辘，只得一口一口往下咽。

吃完晚饭，华盛顿昏昏欲睡。他被主人带进了卧室。借着暗淡的烛光，华盛顿看见床上堆着一捆草，放着一条破旧的毯子，其他什么也没有。他顾不得条件的简陋，就按照平时的习惯，脱去衣服，在床上躺了下来。可是刚合眼不久，他全身就痒得难受。翻了几个身，他感到好受了一些，可是一会儿，全身又奇痒难忍。原来是满床的虱子、跳蚤向他发动了“进攻”。华盛顿无法入睡，只好重新穿上衣服，重新回到屋外篝火边的同伴那里。

他在旷野中的第一次生活经验就是这样。不过，他很快就过惯了艰苦生活，可以适应各种环境。

一路上华盛顿与费尔法克斯还访问了朋友、邻居，这对华盛顿了解社会无疑是一个极好的机会。在访问中，给华盛顿留下印象最深的是：邻居丹尼斯·麦考先生一家的不幸遭遇。丹尼斯于1743年死去，家庭负债累累，最后倾家荡产，甚至出卖奴隶抵债。在乔治·梅森家，华盛顿目睹寡妇安妮·汤姆森生活清苦、经济拮据的窘状，为了3个孩子的前途她不得不起早摸黑地干活。乔治·梅森后来成为华盛顿的好朋友。这些见闻是华盛顿学习社会的无字教科书。

一连好几天，华盛顿没有好好睡过一夜，有时他只得在露天里过夜。因为他毕竟是一位富家子弟，这种小小的挫折也许是他生来第一次吃到的苦头。后来他在给哥哥劳伦斯的一封信中说："我已经三四夜没睡在床上了。白天，东奔西跑；回来后，便躺在火堆旁的薄毯或熊皮上。这里的百姓，男女老少都像猫狗一样聚在一起。那躺在离火最近的人该是多么幸福呀！"可是，他后来遇到的困难比信中所说的还要大得多、危险得多。越往西部走，人烟越稀少，一到晚上他们根本就无"家"可回，只能在星月之下、篝火之旁度过漫漫长夜。由于这里的气候变化无常，忽而下雨，忽而刮风，两人经常在既无向导引路，道路又坎坷泥泞的大雨中，踩着泥路一步一个脚印地艰难前进……

至于吃饭，对华盛顿也是一个考验。在测量行程中，边民们为他们提供的仅仅是粗茶淡饭。有一次华盛顿上座以后，竟然大吃一惊：餐桌上既无桌布又无刀叉，只能靠身边自备的刀子进餐。

在整个测量过程中，华盛顿经历了无数奇遇和惊险。

有一次，华盛顿劳累一天后，正睡得香甜，突然被乔治·费尔法克斯的尖叫声惊醒，他睁眼一看，啊！不好了！

身上的衣服已被火烧着了。原来，身旁的篝火已经烧到了他的身上。华盛顿忙在地上打起滚来，扑灭了烈火。要不是费尔法克斯及时醒来，两人可能就葬身火海了。

还有一次，华盛顿从帐篷中走出来准备呼吸一下新鲜空气。突然前面传来了一阵嘈杂声。他定睛一看，不觉骇然起来，只见前面走来一群印第安人，每个人的头上都扎着花花绿绿的羽毛，手上握着长短不一的刀箭……

华盛顿带着惊异的目光看着他们……为了表示对他们的友好，他从帐篷里拿出一些酒送给他们。印第安人显得十分高兴。不一会儿，一些印第安人搬出一只似缸非缸的东西，注入半缸水，又在口上罩上一张鹿皮，成了一面敲击用的鼓。接着一些人又在场地上打扫出一块干净地，中间燃起篝火，约摸 30 多人围火席地而坐。不一会，一个首领模样的开始讲话。讲话结束以后，有一个印第安人一跃而起走到场地中心，做了一系列奇怪的动作，其他人也跟着动作起来。整个集会的过程都伴随着节奏明快的音乐声。华盛顿目不转睛地注视着他生平第一次见到的人间奇迹，简直不明白这是何种仪式。

印第安人特有的风俗，对于只读过几年书的华盛顿来说感到特别新鲜，使他增长了不少见识。在当天的日记中，华盛顿对此津津有味地作了记述。他对印第安人如此的感兴趣，以致第二天他又花了整整一天时间同他们在一起。

土地丈量员来到边地的消息不胫而走，一大群边地的居民：男人、妇女和小孩穿越树林来看望他们。华盛顿不知道白人中间也会有如此粗犷之状，他用惊愕的眼光看着他们，难以置信。他说："我确实认为他们是一群和印第安人一样的无知之人。他们从不说英语，然与之交谈，他们全说荷兰话。"

这样，华盛顿在测量土地的日日夜夜里，不但熟悉了西部的自然环境，而且接触了一些劳动人民，尝到了艰苦生活的滋味。可以说，一个月的野外生活使他受益匪浅。

回到芒特弗农庄园，华盛顿专门写了一份测量土地的报告送交勋爵。勋爵对华盛顿的工作成果非常满意。

首次测量土地的成功激励华盛顿向更高的目标前进，他迷恋西部的土地，热爱测量土地的工作，渴望成为一名正式的土地测量员。这个愿望终于在 1749 年夏天实现了。

那年 7 月的最后一天，华盛顿不顾夏日酷暑，骑着马兴冲冲地赶到当时费吉尼亚首府威廉斯堡，参加了批准仪式。从此以后，华盛顿就成了一名经政府批准的卡尔佩普县的土地测量员。他在独立生活的道路上迈出了成功的一步。

恰在这时，又传来一个对华盛顿有利的好消息：弗吉尼亚总督根据英王的指示，重新肯定了原先允准给弗吉尼亚俄亥俄公司的大片西部土地。华盛顿作为一名正式的土地测量员可以被邀去测量任何地方的土地，神奇的西部为华盛顿敞开着大门。

1749 年 11 月 2 日，华盛顿又投入了新的测量土地工作。开始时，他还能在天黑前赶回城镇中歇夜；随着测量距离的拉大，他只能以大地为床，风餐露宿，在星光下篝火边度过寒夜。关于这段生活，华盛顿在 11 月 8 日给朋友的信上介绍说，三四天来他没在床上睡过觉。忙碌奔走了整整一天下来，他就和其他男人及其妻儿像猫狗似的靠着火堆卧躺在干草或熊皮上面，谁靠得火堆近谁就认为是一种幸福。除了开始时的几天里睡过几个好觉外，他从来未脱过衣服合过眼。后因天气太冷，11 日他就结束了工作。

第二年 3 月 30 日，华盛顿又骑马上路，奔走于荒野丛林之中，往返于河谷溪流之间。春去夏来，8 月 28 日，他又去费尔法克斯县为别人测量土地。10 月 11 日，他又匆匆外出……由于西部定居者的增多，使得华盛顿的活儿几乎不断。

他从事这项职业达 3 年之久。由于需要测量的地面广袤，而政府测量人数又十分有限，这项职业给他带来十分丰厚的报酬。

在第 1 次测量土地期间，华盛顿每天可得一枚西班牙金币（合 7.20 美元）；运气好的时候，可得六枚皮斯托尔（每枚皮斯托尔合 3.60 美元）。成为正式测量员以后，报酬相应提高。有一次，不到一个月的测量工作，华盛顿就得了 140 英镑。他决定用这笔钱购买土地。

1750 年 10 月 16 日，华盛顿买进 453 英亩的土地，25 日又购入 550 英亩，那年年底又置买 456 英亩。这样，这位不满 19 岁的年轻绅士已经成了拥有 1459 英亩土地的有产者。

当时，华盛顿曾经在给朋友的信中道出了心中的想法：他早晚辛勤工作，难道是喜欢劳苦吗？这也是出于无奈啊！他应当把劳动所得积蓄起来，将来或者可以增置一个庄园，做一个富翁。这是当时弗吉尼亚一般富家子弟怀有的理想，是他出身的那个阶级在他身上打下的一个印记。

不仅如此，在这几年的测量工作中，华盛顿还熟悉了这个地区，熟悉了各处土壤的性质和各个地点的价值。在他晚年购置地产时，这一切知识对他都有很大用处。

由于每次测量土地都要在蓝岭那边待上几个月，因此，华盛顿常住在蓝岭那边。

在那里，碰上狩猎季节，华盛顿有充分的机会尽情驰骋狩猎，而且还是陪着勋爵追猎。对这位没有经验的年轻人来说，费尔法克斯勋爵的谈话也充满了趣味和教益，因为勋爵见闻广博、多才多艺、文学趣味高雅，过去同欧洲上流社会和欧洲最杰出的作家都有过来往。他还把很多书籍带到荒原中来。从华盛顿的日记中可以知道，华盛顿在这里小住期间，一直在孜孜不倦地阅读英国的历史和《旁观者》杂志上的文章。

华盛顿就这样度过了三四年的时间，大部分时间都在蓝岭那边，但是偶尔也住在弗农庄园他哥哥劳伦斯家里。由于在荒凉的山区和粗犷的山民中间饱经风霜、不辞劳苦、进行土地测量，他学会了吃苦耐劳，学会了随机应变、随遇而安。他同有教养的哥哥和费尔法克斯一家的交往则对他的思想修养和风度产生了有益的影响，足以抵消他在荒原中养成的散漫任性的习惯。

另外，在青草萋萋的原野上和狂风骤雨的搏斗，使华盛顿不仅练就了一副强壮的体格，而且开阔了眼界，砥砺了意志。他接触了下层的劳动人民，又培养了对西部土地的强烈感情，这对他以后的人生将发生重大影响。

就在华盛顿在深山老林中进行土地测量的时候，家中传来了一个不好的信息：哥哥劳伦斯的肺病复发了。这对于华盛顿来说，是无论如何也必须停下一切工作回去看望的。劳伦斯的病情在他看来比什么都重要。

兄弟之情

正当华盛顿因测量土地而名传四乡的时候，哥哥劳伦斯的肺病加剧了。

1750 年 11 月，俄亥俄公司主席托马斯·李死了，劳伦斯继任其职本可乘机展翅高飞，但身体状况每况愈下。根据医生的提议，他应该到气候温暖的西印度群岛去过冬。华盛顿素来尊重劳伦斯，面对哥哥的病情，华盛顿心急如焚，他停止了手中的测量工作，热心地陪同兄长越过蓝岭先去温泉，后去西弗吉尼亚的伯克莱休养。

两年前华盛顿曾因测量土地来过这里。那时原野上人烟稀少，满目荒凉，现在却布满了星星点点的遮棚、车辆和帐篷；晚间，篝火熊熊，人们围火而坐，侃侃谈笑。由于温泉坐落在陡峭山岭的东侧，又被四周小山围着，所以每天下午 4 点左右，太阳西下，雾气升腾，云烟氤氲。尽管如此，劳伦斯的病还是不见好转。

最后，劳伦斯决定按照医生的提议到四季温暖如春的西印度群岛作进一步医疗养治。华盛顿对于哥哥这个决定，完全支持，再一次中断了自己的测量工作，继续陪同劳伦斯去巴巴多斯岛的一位友人家休养。

弗吉尼亚的大西洋海岸，巨浪拍打着礁石。这时，一艘大帆船离开岸边，驶进了波浪滔滔的海面。华盛顿站在船头，凝望着茫茫的海面，思潮起伏，感慨万千……

这是1751年9月28日，华盛顿19岁时的情景。一生中的唯一一次出国旅行就这样开始了。

在巴巴多斯，华盛顿尽管忧虑哥哥劳伦斯的病情，但也有许多新鲜事让他从焦虑中暂时解脱出来。一望无垠的大海，绚丽多姿的南国风光，丰富的特产异品不仅使他大开眼界而且给他带来欢悦。

不过，最使华盛顿感兴趣的是农作物，因为他在当时梦想着成为一个大的种植园主。他对巴巴多斯产的水果，尤其是菠萝、甘蔗的销售情况倍加关注。为此他常常询问岛上的居民，不仅弄清楚水果的生长情况，而且弄清有关商务问题。但是当地人的回答常常使华盛顿困惑不解，因为根据他的计算，他们“这些人一定得背债”！这或许是华盛顿对异地商情了解不透的缘故。

通过对岛上居民的深入了解，华盛顿终于认识到，岛上的贫富非常悬殊，非豪富即赤贫，缺少中等地位的人。

在华盛顿的眼中，岛上居民忠于职守、纪律良好，以致一旦出现紧急情况，不到两小时，他们就能各就其位。

巴巴多斯的美丽景色完全把华盛顿吸引住了。

然而，就在华盛顿陶醉于南国风光和西印度群岛的风土人情时，命运之神同他开了一个不大不小的玩笑。

这年 11 月上旬，虽然就北半球来说已属初冬时令，可巴巴多斯岛却仍温暖如初春。华盛顿也不知什么原因不幸染上了当时可怕的时疫——天花，要不是他身体强健，有较强的抵抗力，后果就难以预料了。

华盛顿同病魔斗争了足足一个月有余，直到 12 月 12 日才康复，但他的脸上还是留下了隐约可见的麻点。关于这场病，华盛顿在日记中简要地写道："……得了严重的天花。派人请拉纳汉医生，他经常陪伴着我，直至康复。直到 12 月 12 日，星期四，方能出户走动。"

后来，劳伦斯在巴巴多斯岛的疗养不见效果，病情日益加重了，劳伦斯准备远去百慕大疗养。因华盛顿刚刚得过天花，身体较为虚弱，他只能独自返回弗吉尼亚，和哥哥劳伦斯恋恋不舍地分别了。

经过 36 天的海上漫长航程，1752 年 1 月 27 午，华盛顿乘坐的"产业号"船缓缓驶进约克河，次日在弗吉尼亚靠岸。

华盛顿登岸以后，十分关心弗吉尼亚的时事，听说弗吉尼亚新总督已走马上任，就立即雇了一匹马直奔威廉斯堡去拜访新总督丁威迪。

总督是殖民地的最高行政长官。根据北美 13 个殖民地与宗主国之间隶属关系的差异，可分为 3 种类型。美国独立战争前夕，有 8 个英王直辖殖民地，包括弗吉尼亚、马萨诸塞、纽约、新泽西、新罕布什尔、北卡罗来纳、南卡罗来纳、乔治亚，英王直接任命总督；3 个业主殖民地(英王把北美大片土地“封赐”给他的宠臣或大贵族，受地者称为业主)，有马里兰、宾夕法尼亚、特拉华，总督由业主任命，英王批准；两个自治殖民地，有康涅狄克、罗德艾兰，总督由殖民地有产者选举，但也必须经英王批准。这种隶属关系的差异反映了宗主国对各殖民地控制程度的不同。

北美殖民地的统治机构有两部分：英国统治殖民地的政治机构和由殖民地有产者选出的议会。前者又分为二：一是设在英国政府内部的贸易殖民局，二是派到殖民地直接进行统治的总督和参事会。总督是英国统治阶级在殖民地的全权代表，他有任命殖民地司法、税务、监察和民兵管理等官吏的权力，有否决殖民地议会议案的权力。参事会则是辅助总督统治殖民地的御用工具。

随着殖民地经济的发展，新兴资产阶级力量不断成长，各殖民地都先后建立起自己的立法议会。总督对议会议案有否决权，一般情况下服从英国议会所制定的法律。但殖民地与宗主国之间的矛盾是不可调和的。殖民地议会具有征税和确定官吏薪金等权力，因此它就成为殖民地反抗英国殖民统治的有力工具。当然，殖民地议会是有产者议会，选举权与被选举权都有财产资格的限制。华盛顿的两个哥哥劳伦斯与小奥古斯丁都曾当选为议员。

夜幕降临，星月初升，鉴于华盛顿家族在弗吉尼亚的威望，丁威迪特地从 6 英里外的地方赶来同华盛顿晤谈。这是他俩的第一次见面。丁威迪的到来对华盛顿未来的政治前途起着微妙的作用。当时，华盛顿仅仅是个不到 20 岁的小伙子。

同弗吉尼亚总督丁威迪会见以后，华盛顿稍事休息就又出发去进行土地测量了。但是他的心中仍一直惦记着劳伦斯的健康。

劳伦斯同华盛顿在巴巴多斯岛分手后就按计划去了百慕大养病。不料春寒再一次加剧了他的肺病，病魔步步进逼似乎已决心要夺取他的生命。劳伦斯原计划在百慕大待上一年，因此渴望把女儿带到身边，于是他写信告诉妻子说，要是健康状况继续恶化，他就立即回家归西；要是情况好转，他就一直在那里住到病体痊愈。但是 1752 年 6 月 16 日，劳伦斯却突然出现在家人面前了，因为他已预感到死神快要降临到自己的头上了。6 月 20 日，他匆匆写好遗嘱并在公证人面前签上了他自己的名字。在遗嘱中，劳伦斯明白地写着：如果他的独生女儿死后无嗣，就由华盛顿继承芒特弗农的产业。一个月以后，即 7 月 26 日，年仅 35 岁的劳伦斯就过早地离开了人世。

劳伦斯对华盛顿早年生活的影响是巨大的。这种影响包括“军事性的”、“社会性的”和“地理性的”三个方面。因此，劳伦斯的死，对华盛顿的未来必将产生不可忽视的影响，这不久就在华盛顿的生活道路上显现出来。

影响最大的就是华盛顿利用兄长之死留下的空缺逐渐在军事上崭露头角。

劳伦斯生前不仅是俄亥俄公司的股东，而且是弗吉尼亚殖民地民团的一名副官。华盛顿从小就喜欢听劳伦斯讲战斗经历，并酷爱军事游戏，成为一名军人是他梦寐以求的理想。在劳伦斯从百慕大回家之前，华盛顿就趁着弗吉尼亚民团一位副官迁往马里兰之机，给总督丁威迪写信毛遂自荐，希望得到弗吉尼亚北峡地区民团副官的职位。劳伦斯过世以后，弗吉尼亚行政局决定把弗吉尼亚分成4个区，每区设民团副官一人，任命华盛顿为南区民团副官，该地区包括整个詹姆士河和北卡罗来纳边界之间的地域。

华盛顿能否胜任此项任命呢？回答是肯定的。

早年他的兄长劳伦斯就有意培养了他军事方面的能力。华盛顿也在劳伦斯的引导下，开始孜孜不倦地学习军事。

当时弗吉尼亚的流动不定的居民中，有一些参加过西班牙战争的老军人。其中有一位副官叫穆斯，他是威斯特摩兰的一位志愿兵，和劳伦斯一起参加过西印度群岛的战役，并且和他一起参加过卡塔赫纳堡垒攻坚战。他自愿向劳伦斯的弟弟华盛顿传授作战技术。他借给他一些论述军事战术的论文，指导他进行步枪操作练习，并且向他讲解战场上队形的变换。劳伦斯还有一位战友叫雅各布·范布拉姆，生于荷兰，出身行伍。他过去在英国军队中工作过，当时退了役。他自称精通击剑。于是就向弗吉尼亚的青少年传授剑术，华盛顿就成了他的弟子之一。

劳伦斯的弗农山庄附近林木葱茏，环境幽静，波托马克河上的点点船帆穿梭来往，静中有动，富有诗意。这样一座诗情画意的安静的乡村休养地也被劳伦斯提供给华盛顿了。

几年前，华盛顿还在那里写着爱情小曲，献给他的“低地美人”。在战争乌云密布之时，在两位退役军人的指导下，弗农山庄突然变成了军事学校：在穆斯副官的指导下，他在进行步枪操作练习；在范布拉姆的教导下，他在学习击剑。

劳伦斯生前对华盛顿军事方面的细心培育，使得华盛顿能够在他担任军职之初就得心应手。

1753年2月2日，华盛顿以半是高兴半是遗憾的心情正式宣誓就职。为什么会是这样呢？

原来，华盛顿十分想当北峡地区的民团副官，而弗吉尼亚行政当局却把他任命为南区民团副官，这多少减弱了他一些当上民团副官的高兴情绪。所以，华盛顿在任职后并没有按着丁威迪总督的决定，到所属各县去积极训练民团骨干。

尽管不是十分满意，但是，华盛顿毕竟成为一名堂堂的华盛顿少校了，而且是以21岁的小小年龄。这在当时的英属13块殖民地中也可谓是绝无仅有的了。再加上象征着地位和荣誉的每年 100 英镑薪金，不能不使世人对华盛顿高看一眼。

总之，华盛顿担任军职在他的一生中可谓是一个不可轻视的转折。如果华盛顿成为土地测量员是他独立生活的开端，那么，担任民团副官则意味着他的军事生涯的开始。从土地测量员到民团副官的职务变化，使华盛顿的眼光必须从注视山川河流、气候变异、土质肥瘠转到了人际关系、政治风云、时局变幻。虽然年岁不大，华盛顿也必须更加关心土地的归属问题而不是土地本身了。

华盛顿此时已被渐渐地拉入了政治斗争、军事冲突的激流旋涡中。

就在华盛顿任职不久，一场英国与法国争夺殖民地的血腥战争经过积聚酝酿如暴风骤雨席卷北美大地。新的考验又一次降临到华盛顿的身上。

俄亥俄的冒险之行

18 世纪初，英法两国在北美洲的争夺就早已开始。1740 年开始的奥地利王位继承战争于 1748 年 10 月结束。英法双方根据《亚琛和约》暂时停止了在北美的角逐，但这并没有根本消除英吉利海峡两边这两个国家的尖锐矛盾，双方在北美洲的领地的边界始终没有明确划定，这就造成了英法两国在边界问题上长时间的争执不休，不断地在各殖民地产生纷争。对于大片大片的土地，两国都声称是自己的领土；双方也都竭力想占领这些地区，以便造成既成事实。

其中最令人垂涎的一个地区在俄亥俄水域。这一地区幅员广袤、气候温和、土地肥沃，有良好的猎场和渔场，还有湖泊河流之利，可以来往通商贸易。

法国人声称，根据发现权，全部这个地区，都是法国的领土。因法国人说是他们国家的臣民首先发现了这一地区。所以，按照国际法的一项所谓的准则，不但法国臣民发现的河流及其附近的土地归法国所有，而且它的支流所流经的地区也归法国所有，俄亥俄河即是其支流之一。按照这种要求，像蜘蛛网一样推而广之，大半个美洲大陆都应归法国所有。

针对这种漫无边际的贪婪要求，英国人也不示弱，他们声称，这个地区按照传说是印第安人征服的，英国人则从印第安人手中继承了这个地区的所有权。他们的根据是，1741 年，宾夕法尼亚、马里兰和弗吉尼亚 3 个殖民地的专员同易洛魁人（印第安人的 6 个部落）在兰开斯特签订了一项条约。根据这项条约，易洛魁人得到了 400 英镑，情愿把这一地区的土地所有权都让给英国。而这块土地，按照易洛魁人的传说，是他们的祖先征服的。

其实，英国人的根据也是可笑的。尽管易洛魁人确实与英国人签订了一项有关土地转让的条约，但是，当时他们却并没有占有这片土地，而实际占有这片土地的其他印第安部落则对易洛魁人的做法深恶痛绝。

法英两国的要求的根据都是这样不充分，但是两国又都决心坚持到底。

1749 年，法国的加拿大总督派人到俄亥俄河谷再次重申法国对该地区的主权，还访问了不少印第安人部落，并且深入到洛格斯顿，调唆那里的印第安人说："英国企图抢劫你们的家园。”

除此之外，法国人为了应付不测的战争风云作了准备。他们把一艘异常大的装甲舰运到安大略湖。他们还给他们在尼亚加拉的贸易商行建筑了防御工事，加强了一些前哨，并把别的前哨推进到俄亥俄河上游地带。

在英国各殖民地也可以看到紧张的备战活动。法国的加拿大总督深入到英国领地发表挑拨性讲话引起了宾夕法尼亚和弗吉尼亚殖民当局的密切关注，他们开始意识到加强同该地区印第安人联系的重要性。

尽管18世纪上半叶，英国统治者与北美殖民地人民间的矛盾渐趋激化，但由于英国当时正在与法国争夺北美大陆，因而采取了一系列怀柔政策，笼络殖民地的资产者。英国在各殖民地组织地方武装，以协助英军对法军作战。

在弗吉尼亚，备战气氛特别明显。

1752年，丁威迪到达弗吉尼亚任总督时就对发展俄亥俄公司兴致勃勃，准备大干一场。

俄亥俄公司，那是一个种植园主和土地投机商人的组织。在弗吉尼亚西北部有一大片肥沃富饶的俄亥俄草原，该地区是英国国王特许给弗吉尼亚俄亥俄公司的财产。弗吉尼亚的富豪们准备占领和开发这个地区，在那里投资开辟农场或进行土地买卖。总督丁威迪是该公司的一大股东，华盛顿在其哥哥劳伦斯及女儿离世后，继承了全部遗产，也就成了俄亥俄公司的一个股东。

丁威迪针对法国人的阴谋，立即派出 3 人带着礼品去洛格斯顿与印第安人联络感情。但是，不祥的消息还是在这一年底传到了弗吉尼亚：两个印第安人部落反水站到了法国方面，一些法国人抵达了洛格斯顿。

不仅如此，第二年的春天，1500 名法国士兵在伊利湖南岸登陆，并在那里修筑通路和据点，来势汹汹，咄咄逼人。如果法军继续南下，英国垂涎已久的俄亥俄的万顷良田将如同一块肥肉落入法国殖民者口中，丁威迪总督岂肯善罢甘休？他决定采取行动。

这时，华盛顿从弗吉尼亚的报纸上读到了有关消息，感到非常气愤，因为法国的南下，直接触犯了他的利益。恰在此时，费尔法克斯上校又向他介绍了俄亥俄地区的紧张局势，还告诉他：总督决定向法军方面提出书面抗议，要求他们撤离英王的领土。华盛顿认为这是一个展示自己才华的好机会，“决定抓住不放”。

1753 年 10 月 26 日，华盛顿急急匆匆赶到弗吉尼亚首府威廉斯堡。这里秋高气爽，金风吹拂，哥特式教堂的尖顶直指蔚蓝色的苍穹。但这风景如画的城镇背后却隐含着一种紧张的气氛。

华盛顿一来到总督府就紧急求见丁威迪。

此时的丁威迪正在为如何向法军提抗议而犯愁呢。原来，总督在决定向法军提书面抗议后，曾先后两次派人前往，可是，他们都只到了洛格斯顿就见难而退了。没有合适的人选。又怎能来向法军提抗议呢！

华盛顿的到来和毛遂自荐总算解了丁威迪的燃眉之急。他立即决定：委派 21 岁的华盛顿少校去法军据点提交抗议书。

遭遇、机会、际遇，在一个人的一生中时有出现，并非少见。勇敢者往往紧紧抓住不放，哪怕是一个短暂而微不足道的偶然之机，以致大展宏图、建功立业；怯懦者常常让机会自生自灭，消逝而去，哪怕是一个具有决定意义的重大关键性时机；优柔寡断的人在机会面前，犹豫不决，举棋不定，最后丧失了不可多得的机遇；弱者或因先天不足、造化不公，或因平时懈怠不勤，没有具备足够的主观条件，机会降临，无力同强者竞争，只好把机会拱手让给别人。

当然，抓住机会还必须充分利用机会，这不仅需要有抓住机会的果断与魄力，而更需要付出长期的、坚韧不拔的巨大努力。

华盛顿的自荐却是自讨苦吃。从威廉斯堡到伊利湖畔的法军据点，是一条充满危险的道路，不仅旅程长达1000英里（1英里=3.2187市里），而且道路崎岖，加上气候多变，冰雪盖地，非常艰险。既然征程如此艰辛，又是什么动力驱使华盛顿义无反顾地走上了这条荆棘满地的道路呢？

首先，作为俄亥俄公司的股东之一，在法军已侵犯到自身利益的情况下，是绝然不会不自救的。

其次，华盛顿还有着一种争取荣耀、珍惜声誉的责任感和敢于冒险的性格，这种性格在他还很小的时候，由于和其兄劳伦斯的接触和对比，深感不如其兄，出人头地的愿望，也更加强烈。一旦“他窥测的是另外一种更令人炫目的希望——英国御赐的‘荣誉’和‘升迁’”机会降临时，他自然是不会放过的。

再次，他是弗吉尼亚民团的副官之一，担任此职责无旁贷，义不容辞。

10月的一天，乌云密布，天色阴沉。华盛顿身着军服，跨上一匹棕色的战马，向送行的官兵们告别了。随同华盛顿西行的还有吉斯特和勃兰姆等 6 人。不久他们越过蓝岭，西行来到“大草原”的地方，那里海拔 1700 米，有好几处是风景奇特的沼泽地。

他们一行日夜兼程向西部进发。一路上，华盛顿心中老是盘旋着一个问题：怎样才能把信送到法军手中？根据前两次的经验教训，他深感同印第安人搞好关系很重要。后来，他想出了争取印第安人的办法，忧心忡忡的脸上才泛出了一点笑容。

11 月 24 日，华盛顿一行在凛冽的寒风中到达了俄亥俄北部的洛格斯顿（即今天匹兹堡附近）。这地方居住着一个印第安人部落，他们的酋长是一个远近闻名的人物，被当地人称为亚王。

当天晚上，华盛顿就带着翻译和随同而来的印第安人去拜访亚王。然而，由于亚王出外而没有见到。华盛顿只好拜访了一位地位仅次于亚王的印第安人首领。

在印第安人的帐篷中，华盛顿告诉首领：他是弗吉尼亚总督派来的使者，要给法军司令送信，并同印第安人进行联络。在阐述了其使命之后，华盛顿拿出一串珠贝和一个烟草卷作为礼品献给了首领，请他向亚王转达他们希望同他见面的愿望。首领一一答应，还应邀去了华盛顿留宿的营帐交谈。

初次和印第安人联络感情，就充分显示出了华盛顿的胆略和才华。

不久，亚王回来，华盛顿立刻带人前往正式拜访。进入亚王的草屋，华盛顿见到一位50岁左右的汉子，热情洋溢，精力旺盛，他就是亚王。据说这位首领不仅勇猛过人、聪明识事，而且懂得不少有关白人的事情，其中包括他们的作战方式。

为了笼络和争取亚王，华盛顿反复向他们表示，英国人是印第安人的兄弟，他现在带着弗吉尼亚总督的抗议信去给法国人，要他们从这里撤走，也是为了印第安人的自由和利益。经过华盛顿一番苦心的宣传，纯朴忠厚的亚王从座位上站了起来，激动地代表他们的部落说，英国人和他们既然是兄弟，是同种族的人，他们打算退回法国人送给他们的皮带和贝壳货币。他还告诉华盛顿：因为法国人杀害了他的父亲并残忍地煮食其尸体，所以他视法国人为仇敌。

华盛顿在拜访了亚王以后，又再次邀亚王到他的住处进行深入的晤谈，目的是详细询问去法军据点的距离、路线。亚王毫无保留地回答了华盛顿提出的问题，并提供了有关法军活动的情报：法军在洛格斯顿和伊利湖之间建了两个堡垒，一个在湖畔，一个在法兰西溪边，两者之间有一条宽阔的大道相连。为了让华盛顿明白，亚王还特地画图示意。华盛顿喜出望外。

次日华盛顿还参加了印第安人的集会。面对数以百计的印第安人，华盛顿告诉他们抗议法军侵入俄亥俄对英国人和印第安人都是“非常重要的”；他希望印第安人能为他提供“最近和最好的”行进路线；最后，他指出“我们的总督阁下”把印第安人当做“好朋友和盟友”，还给他们带来了礼品。华盛顿的话收到了极好的效果，亚王答应了他提出的所有要求，并决心说服其他部落一起断绝同法国的关系。

华盛顿用一种离间印第安人和法国人关系的计策，终于达到了他想利用印第安人的目的。

亚王在华盛顿的诱惑下，决定派出由 3 位部落“要人”和 1 名“猎手”组成的护送组陪同华盛顿北上法军据点——维纳吉。

这样，在亚王所派护送组的带领下，华盛顿一行就向法军据点进发了。虽说到那里只有 70 多公里的路程，但是因为气候恶劣，道路艰险，每前进一英里都要付出重大的代价。直到 12 月 4 日，他们才在寒风中抵达维纳吉。只见那里的一座木屋顶上飘着一面法国国旗。

这是年轻的华盛顿生平里第一次看见法国国旗。他把印第安人安顿在森林里，然后带着吉斯特和勃兰姆来到挂着法国旗的房屋门前，正好碰到了 3 名法国军官。法国人虽然款待了他们，但是却无权决定接受书信一事。法军军官告诉华盛顿：他们应到法军司令部——柏夫堡去。

于是，华盛顿一行踏上了此次旅程中最艰苦的一段里程。短短的几天中，他们头顶漫天大雪，脚踏“泥潭和沼泽地”。12 月 11 日傍晚，当灰蒙蒙的夜幕徐徐下降之时他们抵达了柏夫堡。在暮色中，华盛顿一眼望去，只见前面是一条小溪，河对面有点点火光闪动，他估计那是法国人的住处，就立即派勃兰姆前去联系。片刻之后，法军军官驾着小舟在河面上疾驶而来，“带着极大的殷勤”邀请华盛顿一行进入堡内。

翌晨，“一位年长而富有军人气质的”法国军官特别“谨慎”地接待了华盛顿。华盛顿郑重其事地把弗吉尼亚总督丁威迪的信件呈交法方。但是，华盛顿被告知，由于法军总指挥外出未归，所以无法马上给予答复。他们无奈只得留堡小住数天。

在柏夫堡逗留的日子里，华盛顿并没有浪费时间，根据他的判断，英法开战势所难免，所以他趁法国军官开会的空隙，偷偷地观察了堡内的军事设施和兵力，并详细地描绘了柏夫堡的情况。根据他的侦察，发现堡内除军官以外，还有 100 多名士兵。同时他还吩咐同行去调查法军据点究竟有多少船只。

几天以后，法军总指挥正式会见了华盛顿。他首先赞扬了华盛顿的勇敢精神，然后声称俄亥俄的大片土地归法国所有，英国人无权在这片土地上经商，他们已经命令监禁任何企图在这片土地上这样做的人。最后，他让华盛顿带回复信。在信中，法军总指挥表示要把丁威迪总督的信转交给他们的将军，因为他更适合阐明法国国王拥有俄亥俄地区的权力的证据，辩驳大不列颠国王所提之要求。

华盛顿递送抗议书的任务算是完成大半了，但是送信的最后半个月的艰难行程却给他留下了难以磨灭的印象。他曾在日记中写道："从 12 月 1 日到 15 日，风雪连绵不绝，只有一天稍霁。整个旅途中，我们遇到的尽是风雪交加、寒冷彻骨的坏天气。"

华盛顿的记述绝不是什么夸大。随着隆冬的来临，他的归途则遇到了比来时更为艰苦的困难，甚至还充满了生命的危险。

他们花了 6 天的时间才从柏夫堡回到维纳吉。可是，马匹终于经受不了寒冷和疲劳的煎熬“日益虚弱”，最后“寸步难行”了。华盛顿一行只得带着背包“像印第安人那样”徒步行走几百英里。

一天，华盛顿和吉斯特在路上与印第安人发生误解遭到袭击。两人被迫连夜逃跑。花了整整一天一夜，他们才摆脱了印第安人的追赶，来到一条大河边。只见河面上漂浮着的冰块以很快的速度向前冲去。华盛顿认为“只有用木筏渡河，别无他途”。

在寒风中，华盛顿和吉斯特利用随身带着的一把斧子，轮流在岸边的树林里砍树伐木。他们整整忙了一天，才把一只木筏制成。

两人把木筏推到河中，就登筏渡河。可是没有想到木筏在激流中被冰块撞得上下颠簸，左右摇摆，花了大半天时间，他们才把木筏划到了河中心，哪知这里水流更急。突然，一块大冰块向木筏迅猛冲来，“砰”一下，把木筏冲得好远，木筏一颠，华盛顿就被甩进了河里。他在水中拼命挣扎，冰冷的河水像千万根钢针刺着华盛顿的皮肤，幸好“抓住木排上的一根木头才侥幸脱险”。

华盛顿在水中想抓住木筏把它推向对岸，但是湍急的流水和冰块一下子又把他冲出好远。这时天快黑了，风大浪急。两人正在进退两难的时候，发现离这里不远处有一个小岛。他们只好弃筏登上河中小岛。晚上，寒星稀疏，北风刺骨，岛上又无避风的地方，两人只好蜷缩偎依在一起，在寒冷的孤岛上渡过了漫漫的长夜。

天色微亮时，他们发现河面封冻，华盛顿高兴得喊叫起来，两人踩着冰到达彼岸……

1754 年的元旦，华盛顿开始翻越蓝岭。当他站在岭巅的时候，心潮起伏，久久不能平静。尽管山风刺骨，但他却有一种爽快的感觉，华盛顿以一种更加自信和坚定的步伐向弗吉尼亚的首府威廉斯堡走去。

弗吉尼亚总督丁威迪在接过华盛顿递上的法方信件后，望着身材高大而神情疲乏的华盛顿，内心激动不已。经过和华盛顿的深谈，他感到很有必要让华盛顿写一份详细报告交议会，以便使议会的成员对俄亥俄的局势更加注意，使他们赞同他将要在那个地区采取的紧急措施。他在送华盛顿回家休息的路上把这一想法告诉了他。

华盛顿回到家中，来不及和家人寒暄及休息，就埋头案前书写起来。远征柏夫堡的一幕幕历险情景又都出现在眼前，根据自己的日记他写了一份7000字左右的“旅途报告”。后来，当他知道总督丁威迪决定要将它出版时，就在新增加的前言中强调了这些事实都是“亲目所睹”，他只不过是直率地将它们“复述”而已。后来此书以《俄亥俄日志》正式出版，书中还附了华盛顿画的路线图。总督特地把华盛顿的地图手稿呈送给伦敦的上级机关。华盛顿因此在弗吉尼亚声名鹊起。

华盛顿进行俄亥俄冒险的时候，正是北美殖民地有钱人家子弟接受高等教育的大好时光。但是，华盛顿却没有像一般青年人那样进入弗吉尼亚的最高学府威廉·玛丽学院深造，而是在去俄亥俄的征程中受尽了煎熬。这对于华盛顿是否是一种生命中的损失呢？答案是否定的。

纵观华盛顿的一生，这两个半月的历险生活犹如一所社会大学，使他学到不少人生的真谛、社会的真理和活生生的知识。这是诸如威廉·玛丽学院等无法授与华盛顿的。

俄亥俄之行，使得华盛顿走过了人生的一个关键历程，虽然时间很短，但在他的人生中却有着十分重要的意义。

首先，这使华盛顿越出了以前曾涉足测量的地域进入更广阔、富庶、遥远的俄亥俄流域，扩大了眼界，增长了见识；开了他以后数次考察俄亥俄地区之先河，对他今后制订开发西部的宏伟计划有重要的影响。

其次，这是他第一次投身政治活动。华盛顿的政治生涯始于参加英法争夺北美殖民地的争端；在历险中，他学习和施展了政治手段及才华。在同法国当局争夺印第安人，从政治角度处理英、法与印第安人的关系上，充分认识到政治上利用矛盾打击主要敌人的重要性。

再次，这次冒险活动也是华盛顿成为军官后的第一次行动，在旅途中他暗自选择以后筑构军事据点的地点，显示了他的军事才能，闪烁着某些军事上的真知灼见。

最后，华盛顿在两个半月同寒冷、饥饿、死亡、敌人的斗争中，培养了他的坚韧毅力和敏锐的观察力，以及不达目的誓不罢休的自强不息精神。这不仅使弗吉尼亚总督，而且使一般公众认识到，华盛顿尽管十分年轻，却是一个十分适于担当军政重任的人物。

完全可以说，这次出使为他一生的命运奠定了基础。从那时起，华盛顿就成为弗吉尼亚的初升的朝阳。

横枪立马战沙场

在富有英国传统的弗吉尼亚成长起来的华盛顿，在英、法争夺北美殖民地的矛盾、争斗与角逐中开始了他的政治生涯和军事生涯。随着这对矛盾的激化，命运之神把华盛顿推上了硝烟滚滚的战场。

华盛顿冒险送信的事迹受到弗吉尼亚的公民的啧啧赞扬，可是他带回的信件却使总督丁威迪暴跳如雷。

在弗吉尼亚的总督府里，丁威迪打开法军方的来信，当他读到“俄亥俄地区是我们法国人最早发现的，它一直为我们法国政府管辖。总督先生要我们撤走军队，离开城堡，断无道理，我们不能接受……”时，丁威迪在座位上跳了起来，将信撕了个粉碎。形势的发展，已使丁威迪认识到只有诉诸武力才能解决问题了。为此，丁威迪把预定4月18日召开的弗吉尼亚议会提前到2月14日，火速讨论有关问题。

在议会召开之前，华盛顿建议总督，立即派200人去阿勒艮尼河和莫诺格赫拉河的交叉地修筑据点和工事（华盛顿在俄亥俄之行中，曾认为此地是理想的建筑堡垒的地点），然后再征集 400 人作后备力量。他坚信，弗吉尼亚只要有一支 600 人的队伍，再加上其他各殖民地人民的支持，又同印第安人结成反法联盟，就“能挫败法国的计划”。总督丁威迪接受了他的意见，并决定将此计划提交议会讨论。

然而，在议会讨论俄亥俄的局势和华盛顿的提议时，议会中的许多议员却没有完全赞同。最后，总督丁威迪费了九牛二虎之力才使议会通过一项提供 10 000 英镑经费“保卫边地”的决议，他还决定建立一支 300 人的队伍派往有争议的地区，又在华盛顿建议的地点修堡筑路。

华盛顿非常希望能在这支 300 人的队伍中谋个一官半职。可是有权决定此事的丁威迪总督却挑中了威廉·费尔法克斯。但威廉因健康不佳无法承担，这又给华盛顿提供了一线希望。这位勇敢上进的青年绅士再次向丁威迪自荐。皇天不负苦心人，华盛顿最后膺选任职，担负起招募新兵的工作。

然而，募兵工作却不顺利。或许是对于英、法两国之间战争的不感兴趣，加之气候的恶劣、与英国士兵的不同报酬，使得华盛顿在一星期内只征得 25 人。即使这 25 人在华盛顿的眼中又是一群“散漫、懒怠”之徒，没有鞋子，没有衬衣，几乎没有一件外套。

募兵工作进展缓慢，可是从俄亥俄传来的消息却是那样紧张危急：法国 400 名军事人员已被派往俄亥俄地区；外交人员经常出没在该地区，频繁活动于印第安人部落之间，形势十分危急！

弗吉尼亚的困难不仅是募兵缓慢，更缺乏有经验的军官。总督丁威迪绞尽脑汁最后委任乔舒亚·弗赖伊上校任 300 人的总指挥，华盛顿为副指挥，领陆军中校之衔。这次任命包含着总督对这位青年军官的殷切期望，希望这位曾冒险抵达柏夫堡的英雄能以同样的勇敢和活力担负新的重任。

华盛顿对于这个任命大喜过望，欣然接受任命，表示要用实际行动来证明自己无愧于这次提升，决心为国王和国家效忠尽职。

对于华盛顿的这种激情，似乎他所要效忠的国王和国家还存有疑虑。这在发放给华盛顿的薪俸中就已体现出了宗主国与殖民地之间的差异。华盛顿任中校后，每天只能领得 12 先令 6 便士的薪俸，而英国正规军同样军衔的军官却可领 15 先令的薪俸。

这也许是华盛顿有生以来第一次感受到殖民地人民遭受歧视的苦味，认识到世上竟还有这类不平之事！这种不平好像一粒小小的种子埋进了年轻的华盛顿心田。

一想到薪俸的歧视，华盛顿就有一种被嘲弄的感觉。后来，他到坚尔沃去见费尔法克斯上校诉说心中的怨言，甚至表示想辞职不干。华盛顿还坦诚告诉上校：持这种看法的人并非仅他一人。费尔法克斯上校面对不平的华盛顿，只好答应亲自出面和丁威迪总督联系，争取改变这种状况。

就在华盛顿举棋不定之时，总督丁威迪写信告诉他法国人将很快进入俄亥俄！他命令华盛顿率先带领已征募到的士兵，带上大炮和其他军需品直驱俄亥俄，弗赖伊上校率余部跟上。紧迫的军情和迫切的求功之心暂时驱散了华盛顿心中的不平。特别是当他想到总督授权他处置一切阻碍英方行动的人的时候，更是春风得意，踌躇满志。

华盛顿平时喜爱军事，这次初上战场，心中格外激动。他暗暗下了决心，该打个胜仗回来见自己的父老。1754 年 4 月 1 日，年仅 22 岁的华盛顿正式发布进军命令。一支 120 人的队伍，带着仅有的两辆四轮马车，踏上了通往俄亥俄的战场。

一路上华盛顿心潮起伏，情绪高昂。他在马上眺望着山河的崎岖蜿蜒的小道，思绪万千。曾几何时，他在任土地测量员的时候，在小道上不知走过多少遍，留下多少足迹，洒下多少汗水……如今，他作为一个军官，带领一支队伍奔赴前线，这可是生平第一次呀！

经过 10 天左右的艰难行军，华盛顿的队伍来到一个叫温切斯特的小镇。在那里，他继续募兵和征集马车。兵员增加到 159 人。马车的征集遇到重重困难，华盛顿心烦意乱，焦急万分。因为他必须以最快的速度把队伍带到俄亥俄河汊地区（华盛顿建议修建堡垒的地方），才能抢在法军之前到达目的地。但是，当时唯一可行的运输工具就是四轮马车，有车才会有速度。华盛顿希望得到尽量多的马车。可等待了一个星期，他们才弄到 10 辆马车。即使是这 10 辆马车，也是老马破车。因此，在通过陡峭险峻的隘口时，这些马匹都拉不动车辆，只好由士兵用肩膀推着车轮前进。

华盛顿和他的小小的部队装备这样差，在穿过大山前进时当然十分艰难，必须一面前进、一面开路以便运输大炮。为了把失去的一星期时间补回来，华盛顿率领队伍加快了步伐。尽管路旁草木丛生，山花烂漫，泉水淙淙，可是华盛顿和士兵们毫无闲情逸致欣赏大自然那仙境般的美色，只管一心抓紧时间前进。

一天，华盛顿率领部队越过一条叫卡卡普的河，来到一个叫爱德华兹的地方时，突然有人迎面奔来，原来是一位从前方赶来的交通员。他向华盛顿报告：800 名法军正向俄亥俄河汉地区逼近，英军在河汉地区的据点随时会遭到他们进攻。守据点的英军首领希望华盛顿能够再加快进军的速度，力争赶在法军之前赶到俄亥俄河汉地区。

华盛顿听后心急如焚，只得快马加鞭，日夜兼程，争取早日抵达河汉地区。然而不久，不幸的消息终于传到了华盛顿这里：由于部队运输力量的缺欠，造成了行军速度的迟缓，俄亥俄河汉地区已经陷于法军之手。

形势的突变，使得华盛顿面临着一种新的选择：是前进还是撤退。前进，现在已失去了地利上的优势，况且敌人力量要比自己大得多；撤退，现在则完全可以保全部队和生命，可却使自己的第一次军事行动以失败告终。华盛顿思虑再三，毅然决定前进、前进，去收复被法军占领的堡垒，让自己的第一次军事生涯添上一层光彩。

鉴于此，华盛顿制订了周密的收复失地计划。一方面，他率领部队继续开路前进；另一方面，他积极争取其他殖民地人民的支援，直接向宾夕法尼亚总督汉密尔顿、马里兰总督夏普写信求他们支援这场战争。后来，宾夕法尼亚提供1万英镑的资助，马里兰同意支援200人。

弗吉尼亚的春天，气候变化无常，连日的阴雨，使道路变得泥泞不堪。尽管如此，华盛顿还是带着队伍向前方行进。部队冒着霏霏细雨，脚踩泥浆，步履艰难地继续前进。不久总算传来了一些好消息：弗赖伊上校已经招募了100多人即将赶来增援；北卡罗来纳也派出350人前来支援；新英格兰派出600人去加拿大牵制法军……除了这些以外，信使还给华盛顿捎来了总督丁威迪的信件。总督在信中告诉华盛顿，从南卡罗来纳来的两个独立连已经到达弗吉尼亚，从纽约出发的两个连也将从水路赶到这里。

华盛顿看着信件，眉头不禁皱了起来。因为他知道，这“独立”两字的含意就是英国正规军之谓，独立连的军官均由英王直接任命，这种连队不与任何团部挂钩，完全独立行动。这种大不列颠的特殊连队是很难与之相处共同战斗的。

不仅如此，信中还谈到了民团的薪俸问题，上级规定华盛顿部队军官的薪俸每天不得超过 16 先令，这同独立连英国军官的待遇形成了强烈的反差！这种不合理的规定立即在华盛顿的军官中引起巨大反响，一种受人愚弄的感觉油然而生。最后，他们一致商讨起草了一份正式抗议书，请华盛顿转交总督丁威迪。华盛顿也认为这简直是太不公平了，军官们完全有权提出抗议。他在军务繁忙的间隙，充满激愤地给丁威迪写了一封信。信中流露了他同情抗议者的思想感情："我确实不明白，为什么陛下的弗吉尼亚臣民的生命价值低于美洲其他领地的臣民的生命价值，特别是在众所周知我们必须承受双倍于他们的困难的时候。"这或许是年轻的华盛顿真正的不明白，等他明白了这其中的道理后，一场争取独立的风暴就来临了。

不久，华盛顿率领部队来到他们称为"大草原"的地方。草原上居住着亚王的印第安部落，华盛顿很快和亚王联系上了，他要印第安人天天躲在丛林中侦察法军的动静。

一天晚上，雨淅淅沥沥地下个不停，天色漆黑，华盛顿在营帐里筹划着下一步行动计划。突然，几个印第安人来到华盛顿的指挥所，他们向华盛顿报告了一个重要情况：附近有 1 个法军营地，指挥官成天在营帐里喝酒打牌，部队人数不多，又没有什么备战气氛。华盛顿听后心中大喜，迫切的求战心情，使他在送走印第安人以后，立即从所率部队中挑选了40人组成突击队出发。

在茫茫的雨夜中，华盛顿率领着突击队脚踩泥泞，在印第安人派来的向导带领下，穿过荒野，向目的地进发。

天刚蒙蒙亮，华盛顿率领的突击队与亚王的印第安人马汇合了。经过协商，华盛顿决定分兵两路夹击法军阵地。他们悄悄地穿过树林，沿着山道向法军逼近。

天色大亮时，突击队仅离法军营帐100多米。就在华盛顿命令进攻的时候，法军发现了华盛顿的队伍。这下子可炸了锅，他们蜂拥回营帐取枪搬炮进行射击。霎时枪声四起。在突击队的猛烈进攻面前，法军没作多大抵抗就乖乖投降了。

整个战斗不超过15分钟，法军10人死亡，1人受伤，1人逃跑，21人被俘。华盛顿对于这么快就结束战斗，总感到有点“遗憾”。他看着地上的法军尸体，鲜红的血在青青的草地上流淌，内心终于体味到什么叫战争了。

这次突击法军的战斗是华盛顿生平指挥的第一次战役，是一次小型的奇袭。急于成功、好胜争强的华盛顿初战告捷，也许这是他军事生涯中第一块阶石。华盛顿对这次胜利欣喜若狂，这种感情洋溢在3天后他写给兄弟的信中："我们取得了辉煌的胜利"，"我听到子弹飕飕飞过，真的，那种声音确实有些悦耳。"

但是，人生的道路决不是笔直的通衢大道，它充满着曲折、变化、危险与失败；坎坷的人生之途，时而晴空万里，时而阴霾满天，时而急风暴雨；顺境时，道路平坦，犹如江河一泻千里；逆境时，磨难接踵，一片黑暗，简直看不到希望的光芒；丰富多彩而变化难测的生活背后又隐藏着种种神秘的因果关系，像一条无限的链条，一环扣一环，胜利中潜伏着失败的因素，失败中孕育着成功的幼芽……

战场上的第一次胜利对于一个缺乏军事经验的年轻军人来说，往往潜伏着失败的危机，这种命运不久应验到了正在为第一次胜利沾沾自喜的华盛顿身上。

渐露反英端倪

第一次战斗的胜利使华盛顿踌躇满志。他在写给总督丁威迪的信中说：“我随时都准备着应付优势敌军的攻击。即令敌我人数比例是五比一，我也要进行抵抗，因为我担心，如果我们听任自己被赶回的话，后果必然是失掉印第安人的支持。请阁下放心，我决不让敌人打我一个措手不及。他们愿意什么时候来，就什么时候来吧。我保证我至少可以做到这一步。但是我也要尽最大努力取得更大成绩。如果你听说我打了败仗的话，我毫不怀疑，你同时也会听到，我们是尽了自己的职责的，只要有一线希望，我们就要战斗到底。”言词中信心十足，然而或许有些缺少对困难的足够认识。

这时，法军在大草原的惨败震动了他们的总指挥部。指挥部富有军事经验、老谋深算的法国军事指挥官们，经仔细研究，没有向华盛顿预料的那样立即向他发动报复性的军事行动；相反，他们秘密调动部队，积聚足够力量，准备给华盛顿以致命的一击！这正是华盛顿始料未及的。

暮春的大草原百花争妍，和风拂煦，空气中弥漫着令人心旷神怡的芳香。尽管大自然风景如画，可是，华盛顿的心情却日益烦躁起来。在战斗间隙的短暂时间里，一系列使青年华盛顿没有想到的困难接踵而来。

首先遇到的就是粮食问题。由于战场离后方的路途遥远，造成军需不能及时抵达。部队一度 6 天没有面粉，后来才偶然从一位俄亥俄商人那里买到一点粮食。就在这个缺粮的时候，亚王和他的同僚酋长斯卡鲁雅迪以及三四十名武士来到了，还有他们的妻子和子女们，结果面粉很快告罄。

恰在此时，一个使华盛顿大为震惊的噩耗传来：总指挥弗赖伊死了！几个月前，华盛顿还不敢想象的事情，现在竟突然从天而降。弗赖伊病故以后，总督丁威迪写信给华盛顿，正式通知他接替弗赖伊之职，并擢升为上校军官。22 岁的华盛顿成了这支队伍的总指挥，他倍觉肩上担子的沉重。

形势的日益严峻，逼迫华盛顿与部下们日夜兼程赶修堡垒。由于修堡垒期间部队忍饥挨饿，就命名为困苦堡。

就在华盛顿全力准备迎敌的时候，内部又出现了新的麻烦。因为从南卡罗来纳来的英军独立连已到达了困苦堡一带。

在独立连到来之前，丁威迪总督就来信同华盛顿打招呼，要他“特别尊重”独立连，以免引起不愉快的事情。“尊重”，还要“特别”，华盛顿简直难以从命。因为作为军人他非常清楚，英国独立连的指挥麦凯先生仅仅是一名上尉军官，他怎么可以不听从高出于他三级军衔的弗吉尼亚民团指挥官的命令？独立连的上尉军官怎么能指挥弗吉尼亚民团的上校军官？一言以蔽之，谁指挥谁？谁服从谁？华盛顿无可奈何地写信给丁威迪说：“如果阁下当初能说明他受我指挥还是不受我指挥，我本来会不胜感谢。我希望他深明大义，不致因为他和他手下的军官们都有英王陛下的委任状，而不合理地坚持他们和我们之间有所区别。他应该想一想，虽然我们在薪俸方面大大不如他们，但是，我们也像他们一样决心为我们仁慈的国王服务，也像他们一样准备和愿意为国捐躯。在这里，我必须再一次地而且是最后一次地说明，如果我团军官不得不在这样不同的条件下服役，这一情况将对本团某些军官产生不可估量的影响。因为他们和幸运地获得国王委任状的其他军官都同等地冒着生命、财产和作战的危险，而且我敢说，危险的后果对两者来说完全一样。”

果然，麦凯上尉率领的南卡罗来纳独立连的到达，真的引出了许多麻烦。这位上尉虽然表面上彬彬有礼，性情温和，但是却十分讲究繁文缛节，骨子里傲慢无比。他仗着有英王直接发给他的委任状，因此，不能承认一名殖民地民团的军官是他的上司。他另外设置营地，另外布置卫兵，不同意华盛顿在遇到紧急情况时可以给其手下的士兵指定集合地点，不肯接受华盛顿规定的口令和暗号。对于此，华盛顿慎重行事，一切以大局为重，避免采用一切可能引起指挥权问题的措施，在对方提出质问时，也心平气和地加以解释。

可是，华盛顿的谦让并没有消除两支军队之间的矛盾。

当时，华盛顿的队伍正在为开拓一条补给通道而艰苦地挥汗苦干，但是麦凯的部队却袖手旁观、无动于衷，除非华盛顿能付给他们每人每天 10 先令的酬金。这当然是不可能的事，因为华盛顿发给自己的部下每人每天仅仅 8 便士！于是麦凯上尉宣布他无权强迫独立连的士兵为微不足道的收入而工作。麦凯及其军队的蛮横冷漠态度使华盛顿怒火中烧。要不是他记起了丁威迪总督关于要“特别尊重”的劝谕，这位血气方刚的年轻上校一定会暴跳如雷，冒犯麦凯上尉。

华盛顿强压怒火，在百般无奈的情况下决定自己带领人马向俄亥俄河汉地区前进，让麦凯上尉的独立连留在困苦堡。因为华盛顿实在不愿看到在他自己的忠实的士兵辛辛苦苦修路的时候，独立连的士兵却在闲逛。华盛顿的部队与独立连仅相处了一天就分开了。在分开后，华盛顿在向总督的申诉信中怒斥道："那么究竟谁是指挥呢！是我向一个连队发命令？或一个独立连的上尉向弗吉尼亚民团发布命令?"语气中满含着愤怒与不平。

这样，华盛顿就和他的弗吉尼亚部队在山中小路上艰辛地进军，一面修路一面前进。靠着士兵们的不懈努力，华盛顿的部队把道路修到了离困苦堡 13 里左右的一个居民区。

突然，一个侦察兵给华盛顿带来了紧急军情：大量法军已经到达迪凯纳堡，很快就要派出一支强大的部队，向这里发动进攻。于是，华盛顿叫部队停止，挖掘壕沟，派人召唤两支粮秣征集队，并通知麦凯上尉火速前来。上尉和他的连队在黄昏到达，粮秣征集队在第二天早上到达。他们举行了军事会议，一致决定不在这一地点等待敌军。

迅速的后退开始了。可是撤退并不比前进轻松。烈日炎炎，山路坎坷，士兵们饥肠辘辘，加上运输工具缺乏，部队的转移难上加难。华盛顿把自己的坐骑让出来驮弹药枪支，其他军官也纷纷仿效，大家顶着烈日徒步行走在山道上。华盛顿的私人行李请士兵背负还得付 4 个皮斯托尔的高价。弗吉尼亚的士兵轮流拉回旋炮。他们觉得独立连士兵的行为简直是对他们的侮辱。独立连的士兵凭借他们的“王家士兵”的特权耀武扬威，自由自在地往前走，既不肯在前面开路，也不肯参加仓促后退时所必须做的额外劳动。

几天以后，华盛顿率领部队又回到大草地。在这里，弗吉尼亚士兵由于又累又饿，又生气，已经精疲力竭。他们说，他们不愿意再背着行李，拉着回旋炮往前走了。因此，华盛顿违背自己原来的意图，决心暂时停在这里，修筑工事，并派出快使，要求后方赶快送来补给品和派来援军。他此时认为，纽约的两个独立连不日也可到达这里。

华盛顿带领士兵日夜不停地加固困苦堡，这座碉堡大约有 80 米见方，周围有壕沟和围栏。它坐落在一条小溪的边缘上，差不多就在大草地的中央。大草地是一片绿草如茵的平原，十分平坦，周围有不很高的小山。小山上树木蓊郁。华盛顿没有要独立连的官兵帮忙，而是和他的弗吉尼亚士兵一起劳动，既用言教又用身教来激励他们，亲自参加砍伐树木的劳动，砍掉树枝，把树干捆在一起，堆成围墙。

为了对付法军的进攻，华盛顿决定联合印第安人共同行动。然而，就在这个关键时刻，他的印第安盟友抛弃了他。他们看清了法强英弱的形势，再加上华盛顿部队给养的困难，不愿再为英方效力了。甚至亚王也离华盛顿而去了，究其原因，亚王认为华盛顿征求他的意见不够，尊重他的意见不够，并且常常把印第安人当做奴隶般地使来唤去。华盛顿虽然已经认识到他所进行的军事冒险需要印第安人的帮助，必须同印第安人结成反法联盟，但他却没有实现此目的的正确策略手段。

还没等华盛顿及其部队做好充分准备，法军已逼近困苦堡。一天天刚破晓，堡前突然枪声大作，法军进攻正式开始了。在法军的进攻面前，华盛顿命令士兵们保持镇静，不到敌人出现并走近时不要开枪。不久，大雨倾盆，900 多名法军躲进堡外附近的山林，渐渐形成了对困苦堡的包围圈。而华盛顿的 400 名士兵中真正有战斗力的连 300 人也不到，雨水将困苦堡周围的低地变成一湾水塘，士兵们在战壕里淋了几小时雨。尽管华盛顿命令他的部下只要见到法国人就狠狠地打，但双方的力量对比悬殊，在战斗中，华盛顿方面三分之一的有生力量逐渐丧失，弹药受潮无法使用。

晚上 8 点左右，大雨如注，困苦堡周围漆黑一片。法军传话要英方派人谈判，华盛顿开始拒绝，后被迫改变初衷，派出懂法语的一个军官赴法营谈判。经再三商议，华盛顿在午夜签署了“投降协定”。

协定规定英军全部撤出困苦堡和大草原，保证 1 年内不再企图在法国国王陛下的土地上修筑或修缮任何建筑；在俄亥俄河汉地区俘获的法军战俘应予放还，在未移交法方战俘之前，英方必须留下两名上尉军官作为人质，根据华盛顿的要求，法方同意英方人员不必缴出全部军需品，以保障他们在归程中的安全。协定签毕，华盛顿留下本团的两位上尉军官为人质。这时，大雨渐止，困苦堡显得格外平静。

第二天上午，太阳已高挂在了天空，战后的大草原一带又恢复了自然界的本来面目。华盛顿带领残部撤出困苦堡，颓然而归……

此时此地，此情此景，仅仅两个多月的时间，华盛顿就从一个胜利者变成了一个失败者，历史也太戏剧化了。

18 年后，即 1776 年 7 月 20 日，华盛顿在写给他的好朋友亚当斯·斯蒂芬的信中追忆道：“(7 月) 3 日……我不能不激动地回忆当时的逃跑中度过。……我祈望，庇佑我们的同一上苍……能继续大发慈悲保佑我们……”可见，这一天是他终生难忘的羞耻之日。

困苦堡之战，华盛顿的弗吉尼亚民团，包括军官在内，一共有 305 人。在这次战斗中，有 12 人阵亡，43 人受伤。这也许是华盛顿过于雄心勃勃而带来的不良后果吧。

从困苦堡撤出来以后，士兵们似乎萎靡不振、意气消沉。由于伤员较多，又缺少食品，部队行进得很慢。华盛顿此时则完全清醒了下来，他深知自己作为部队的首领，在这样的一种困境中，必须重新振奋起精神来。于是，华盛顿用他那坚定而愉快的态度来鼓励他的士兵，并且亲自参加各种艰苦劳动，和士兵们同甘共苦，最后终于率领部队平安撤到了安全的后方。将部队安顿好以后，华盛顿怀着内疚的心情立即和独立连的麦凯上尉一起到威廉斯堡去，向总督丁威迪汇报此次战斗的经过。

不久以后，总督把华盛顿与法军签署的协定副本提交弗吉尼亚议会，并加以说明。虽然华盛顿此战出师不利，议会还是对华盛顿和他的军队的表现加以表彰，并通过决议，对他们保卫家园、英勇献身的精神表示感谢。议会还决定拨款300皮斯托尔（将近1100美元），奖给参加战斗的士兵。

至于舆论对华盛顿的宣传，更是达到了难以令人置信的程度。华盛顿心情沮丧地率领残部回到威廉斯堡的第3天，弗吉尼亚的报纸报导说："我们勇敢的人们依然活着为他们的国王和祖国效劳。"不久，关于华盛顿的事迹就漂洋过海，轰动英国宫廷，连国王也饶有兴趣地谈论起来。华盛顿率军突袭俄亥俄河汉地区法军的战斗始末在伦敦《绅士杂志》上登载，他给兄弟的信则在《伦敦杂志》上披露。国王读到华盛顿在信中说子弹声音似乎有点"悦耳"时说："假如他习惯于多听这样的声音，就不会这样说了。"当然，所有这一切都是英国王室为了制造舆论回答法国指控的宣传而已，并不意味着他们对华盛顿真有很高的评价。

英吉利海峡对岸的法国报纸也发表了华盛顿遗留在困苦堡的私人日记，目的是想说明英国人是真正的侵略者。这样，在英法两国的舆论战中，名不见经传的年青华盛顿一下子成了闻名于大西洋两岸的新闻人物。

无论在英国伦敦还是法国巴黎，虽然他们的报纸一而再、再而三地提到北美弗吉尼亚殖民地华盛顿上校的名字，但是没有一个会想到，更不会相信，20 年以后就是这个名字竟使英国宫廷和国王乔治三世胆战心惊，惶惶不可终日；令法国波旁王朝不敢轻视小看！就是这个年轻人，擎起了北美独立的战旗！

华盛顿在舆论的赞扬声中又回到了弗农山庄。

那年的盛夏，弗吉尼亚风景如画：山峦起伏，林木葱茏，泉水叮咚。在经过几个月的征战、闯荡以后，华盛顿倍觉定居生活的乐趣，更加珍惜田园生活的温馨。

在归来的日子里，华盛顿还花费了很大精力来经营种植园。几乎每天天刚蒙蒙亮，他就起床在烛光下读书或写信，早餐后骑马到各农场巡视。在工作中，他遵循“无论干什么都必须干好”的原则，他希望庄园内的每一样东西都井井有条、美观整洁，为此他不惜投入大量的管理费用。他经常责备那些“懒汉”，为了刺激黑人奴隶的生产积极性，他细致地向黑奴分配口粮和衣服，还请医生给他们治病，节日期间还让他们饮酒作乐。靠着黑奴和农民的劳动，庄园的生产有了增长。

华盛顿作为一个年轻富有的种植园主，在庄园中确实得到了他所期望的“乐趣”，他不仅过着悠闲的生活，而且像英国绅士一样爱好狩猎及其他体育运动。总之，芒特弗农的主人沉浸在安宁恬静的弗吉尼亚田园风光之中，享受着大自然的恩赐。后来，他自豪地描绘他的家乡时说，庄园气候宜人，它坐落在世界上最好的一条河流的岸边，一年四季河中漫游着各种鱼类：美洲鲱鱼、鲈鱼、鲤鱼、鲟鱼……庄园的边缘地带经受着潮水的冲刷，筑起了有价值的渔场，整个沿岸就是一座完美的渔场！

但是，好景不长，芒特弗农的平静不久被打破，华盛顿的心里失去了平静。

9月初的一天清晨，华盛顿接到威廉斯堡的朋友来信，信中告诉他：弗吉尼亚民团有可能将要并入英国正规军。这使得华盛顿心里甜丝丝的，因为如果真有其事，他就可以成为一名年仅22岁的英国正规军上校了！（在英国只有出身望族的青年才有此荣幸）可惜这个消息竟是一种误传。

10月初的一天傍晚，华盛顿在威廉斯堡的总督府里得到了虽然真实却令华盛顿十分沮丧的消息，英国殖民当局为了消除正规军和殖民地军队在指挥上的矛盾，弗吉尼亚民团分解成连队，取消高于上尉军衔的军职，各连均由正规军的上尉指挥。丁威迪总督告诉华盛顿这种新措施是来自英国的命令。这种政策对殖民地人民带有明显的歧视性质，对于雄心勃勃的青年华盛顿更是沉重的打击，因此，他一气之下愤然辞去了军职，离开了威廉斯堡总督府。

后来担任英国抗法军队总司令的马里兰总督夏普想请华盛顿出山协助工作，华盛顿在给夏普总督的回信中激愤地表示："你提到要我继续在军中任职，并保留我的上校职务。这个主意大大出乎我的意料之外，因为如果你认为我能够担任一个既没有军衔又没有薪俸的职务的话，那你就太小看我了，认为我和那种只有虚名的职务一样一钱不值。"他还告诉友人说："我所以谢绝他的好意，是为了荣誉的缘故，也是为了听从亲友们的劝告，并不是因为我想脱离军界。我对军界是非常留恋的。"

即使华盛顿不采取这一步骤，政府在这年冬天发布的又一条例也会迫使他不能不采取这一步骤。这一条例规定了英王陛下部队的军官同殖民地部队一起服役时具有何种地位。条例规定：英王和英王在北美的总司令所委任的全体军官，其地位应在各行省省督所委任的全体军官之上。此外，殖民地部队的将级和校级军官在和英王委任的将级和校级军官一起服役时没有任何军衔，但王家部队的全体上尉及其他下级军官，其地位应在任职较久的同级殖民地军官之上。

华盛顿作为一个富有的年轻种植园主，曾一贯视英国为祖国、“母国”；自称为英国的忠顺“臣民”，然而，在英国王室殖民政策的逼迫下，他已渐渐从不平开始走向将要反英的道路了。

在失败与挫折中成熟起来

芒特弗农虽然静谧岑寂，但毕竟不是世外桃源。华盛顿虽然深居简出，归于林泉，但毕竟是一个社会的人。正当他在无花果树荫下同朋友畅怀叙谈、排忧散心的时候，一场大规模的争夺殖民地的战争已拉开了序幕。

大草地的失利和法军在俄亥俄河上的其他敌对行为引起了英国内阁的注意。为了在北美击溃自己的对手——法国佬，英国政府决定派出3支远征军到北美同法军角逐。其中收复俄亥俄河流域，把法国人从宾夕法尼亚和弗吉尼亚边境赶走的任务落到了一位60岁的少将爱德华·布雷多克身上。布雷多克是一位行伍出身的老兵，是一个勇敢但过分崇拜军事书本的人，他“正直宽厚”，但“性情急躁”、“独断专行”。

布雷多克带领两团英国正规军一来到弗吉尼亚，备战气氛就笼罩了这片宁静的土地。波托马克河面上，英国舰只逆流而上，隆隆炮声划破静谧的长空，兵马频繁调动，到处是刀光剑影……华盛顿在芒特弗农目睹这一切，心潮澎湃，情绪激昂，对田园生活的沉湎暂时被抛到九霄云外了。他渴望重上战场，再建军功。于是，华盛顿在一封欢迎布雷多克少将抵达北美的信中，希望引起布雷多克对他的注意。

华盛顿的才干以及他希望重入军界的想法立刻被布雷多克发现。1755年春的一天，华盛顿收到了布雷多克将军的高级助手的一封信，信中告诉他布雷多克将军非常欢迎他参加参谋部工作。在回信中，华盛顿表示他要以一个志愿者的身份去布雷多克部队服役。

在布雷多克将军的参谋部中担任志愿人员，既没有薪俸，也没有实权，除了牺牲个人的私人事业以外，还要自己负担一大笔开支。此外，在外出作战期间华盛顿也找不到可靠的人代管自己的庄园。尽管如此，他还是毫不犹豫地接受了这项邀请。其原因就是华盛顿热切地盼望着有机会在一个组织严密、纪律严明的大兵团中和当时大家公认的战术熟练的司令官的参谋部中，获得军事经验；在这个位置上，过去给他带来苦恼的军衔问题都化为乌有了，他可以安心担任军职，而又不必牺牲自己的尊严。华盛顿终于又回到了军界，在布雷多克的参谋部中担任了上校副官。

但是，当华盛顿就要奔赴前线的时候，他的母亲不许他跟随布雷多克从军远征，原因也许是她担心孩子的安全，也可能是因为华盛顿没有尽到孝母之道。然而这一切都无法动摇和改变华盛顿的决心。在弗吉尼亚阳光明媚的春天里，华盛顿踏上了征程。

又是一个鲜花满地的5月。一年前，华盛顿就是在这样的日子里取得了首战法军的胜利。此时，布雷多克率领的部队也开始了对法军的进攻。

布雷多克将军虽然富有军事经验，但这种经验仅仅适合欧洲的环境，他缺乏的恰恰是在北美特殊条件下进行战斗的本领。在这一点上，年轻的华盛顿比年长的布雷多克要高明得多，因为他具有布雷多克所缺乏的实际经验和对北美风土人情的了解。要是这位将军具有不耻下问的美德，也许他的弱点和不足可以得到某种程度的弥补，可他偏偏不善于听取别人的意见。华盛顿多次向布雷多克提出建议：一切军事行动要充分考虑北美道路困难、运输工具匮乏的特点。可是英军还是按照“正规军”的惯例办事，在路上遇到小丘就停下来“铲平”，遇上小溪就“搭桥，行军速度极其缓慢……”华盛顿还多次提醒将军要采取灵活的作战方式，严防敌人的偷袭。布雷多克却置若罔闻。

在军事问题上华盛顿抱怨说："我们在这个问题上争论的次数很多。双方都争得面红耳赤，他那一方尤其是这样，因为他一争论就不能不争得面红耳赤，他也放弃不了自己坚持的见解，不管这种见解同理性或常识多么不能相容。"

布雷多克依然固执地带领1400英军缓慢地向法军据点杜肯斯堡（今匹兹堡）进攻。不幸的是，华盛顿竟在这关键时刻得了急性高烧，身体虚弱，头痛难忍，连马也不能骑，只得坐车前行。布雷多克带着主力部队走在前头，华盛顿担心他所向往的战斗会在他到达前线之前开始，因此身体稍有好转就骑马往前赶去。在赶上布雷多克的大队人马时，华盛顿并没有发现战前的紧张气氛，而是"大家看起来仿佛都是准备去参加宴会而不是去战斗"。华盛顿心头不禁蒙上了一丝阴影。

7月9日旭日东升的时候，布雷多克的主力部队开始渡一条大河。至中午时分，主力部队终于渡过了河。正在休息时，突然前面响起阵阵枪声，华盛顿一直担心发生的事——敌人的突然袭击终于发生了！

枪声越来越响，还伴有可怕的叫喊声。在英军周围的丛林中埋伏着法军和印第安人，他们不停地射击和叫喊。这对于没有多少实践经验的英军来说，简直是太可怕了。

战场一片混乱，英军士兵已再也听不到他的指挥官所下达的战斗命令了，像一群群无头苍蝇一样，一边胡乱射击，一边奔逃。面对这样的不利局面，华盛顿根据自己的经验急忙向布雷多克将军建议：立刻把部队疏散到周围的树林中去，这当然是对付突袭的最好方法。可是墨守成规的布雷多克竟然坚持在欧洲战场上的战术——列队前进，以致队伍在敌人密急的枪弹之下损失惨重。英军的战斗队形再也组织不起来了，少数士兵被迫躲在树后作战，可布雷多克将军却对他们大发雷霆，骂他们是胆小鬼，甚至用指挥刀砍伤他们。在战斗中，虽然正规军官表现了无可怀疑的勇敢，但整个部队溃不成军，犹如被追逐的不幸羊群四散逃窜，车辆、物资、大炮，一切的一切都被抛弃了。车夫每人从车上卸下一匹马，骑上就跑。在争先恐后逃跑的人流中，军官们也被推挤着和士兵们一起四散而逃。英军兵败如山倒，并没有影响弗吉尼亚连队的战斗激情，他们仍“像一个人那样地战斗”、“像一个人那样地牺牲”，表现得无比的勇敢，3 个连队在战斗结束后活着留下来的不足 30 人。结果 1000 多英军被 300 多敌人打得落花流水，丢盔弃甲。若不是法军和印第安人急于搜罗战利品，停止了追击，英军怕是要全军覆灭了。

华盛顿望着溃败的英军，沉着地应战，试图力挽狂澜，尽管集合英士兵就像企图“阻止野兽逃跑”或“阻挡流水”那样困难，他还是组织队伍且战且退。为保存残部，安全撤退，他在枪林弹雨中纵横驰骋，英勇杀敌，毫不畏惧，4颗子弹穿过他的上衣，两匹战马先后被打死……

战斗结束后的第3天夜间，傲气十足的布雷多克将军因伤势过重，在大草地上与世长辞了。次日的拂晓，将军的葬礼在平静中进行。由于随军牧师已经受了伤，因此，由华盛顿来宣读为死者祝福的祷告词。葬礼在默哀中进行，没有大事铺张，以免引起敌人的注意。当葬礼结束时，一轮红日在东方缓缓地升起来了，华盛顿在阳光中沉思着……

布雷多克事件至今仍然是美国历史上一次值得纪念的事件。过去，北美殖民地各行省对英国力量敬如神明，一度差不多达到迷信的地步。这一事件则是对这一迷信的致命打击。富兰克林在他的自传中说：“整个这件事使我们开始怀疑我们对英国正规军力量的过高估计没有充分根据。”

战事结束了，华盛顿拖着疲惫的身体回到芒特弗农。

在宁静舒适的庄园里，他有时间回顾几年来所走过的道路，思前想后，情绪消沉，失落感时隐时现：第一次到西部进行土地测量时，得到的报酬只够开销；第二次到西部进行征战时，“大败而归”，“一切丢得精光”，还降低了军阶；这次随布雷多克出征，他的全部马匹和东西都“丢得一干二净”。两年的军事生涯，使华盛顿感到他的“军阶一直在下降”……

其实华盛顿对自己的总结只是讲了失败的一面，尽管他的“军阶”一直在下降，但是他的威信和声誉却在失败中不断上升。

英军溃败退却的消息迅速传向四方，在各地引起一片惊恐。人们都担心法国人和印第安人的入侵迫在眉睫。各地纷纷成立志愿兵连队，准备穿山越岭，开赴危险地点。弗吉尼亚许多有地位的人都向华盛顿暗示，今后还需要他再次出山奔赴边疆。华盛顿面对人们的请求，马上宣布，随时准备尽自己最大的力量为国效劳，但是，他决不愿意按照过去那样的条件去为国效劳。

形势的逼迫，使得弗吉尼亚议会终于决定拨款 40 000 英镑，同意成立一个 1000 人的团队。华盛顿的朋友们都劝他到威廉斯堡去，自荐担任团长。他们深信，尽管有人在为总督丁威迪的红人英尼斯上校大力活动，华盛顿仍然可以稳操胜券。

华盛顿却不肯去向当局恳求，一方面是出于谦虚，另一方面也是出于自尊心。他曾对朋友说，只有在军阶和薪俸问题得到明确解决，肯定他有权任命自己的校级军官并可获得充足的军费的时候，他才愿出任团长。在他看来，如果为了谋取这个团长位置而多方钻营，同时受制于人，那是不合适的，也会叫人看不起。

在这件事还在酝酿的时候，他收到母亲的几封来信。信中再次恳求他不可再冒生命的危险去参加进疆战争。华盛顿向母亲表示，如果他能够不再去俄亥俄地区的话，他一定不去。但是，要是民众的普遍呼声要求他出任指挥，他无法加以拒绝。就在华盛顿向母亲申明大义的时候，当局已经按照他向友人反复提出的条件任命他担任指挥官了。不仅如此，议会还投票决定拨给他 300 英镑，以表彰弗吉尼亚各连队在上次战斗中的英勇表现和补偿他们在上次战斗中的损失。

从这里我们看出，华盛顿早期的威信并不是光辉的成就的结果，也不是辉煌的胜利的结果。相反的，他的威信是在艰难困苦和军事挫折当中提高的，差不多可以说是打败仗的结果。华盛顿虽然屡遭不幸，但是，他那些经得起考验的、优秀的，但又不是煊赫耀眼的品质早就被人觉察，得到赏识，这是弗吉尼亚人民别具慧眼的品质的证明。华盛顿在逆境中的值得钦佩的表现以及他在各种场合表现出来的远见卓识和讲求实际的智慧得到普遍的公认。

华盛顿担任弗吉尼亚民团的总指挥后，立即开展了仔细和卓有成效的工作。

首先，他根据过去的经验，深信现行民兵法不符合需要，开始要求修订民兵法。经过他的坚持不懈的大力争取，弗吉尼亚议会通过决议，规定马上实施军法，对不服从命令的人员、哗变分子和逃兵严加处治，提高指挥官的权威，使他不仅可以要求士兵服从命令和遵守纪律，而且可以要求军官服从命令和遵守纪律，在紧急时期，为了公众的安全，还可以征用私人的财物和劳务。

其次，华盛顿在促成了修订民兵法以后，就着手补充自己的连队，在营地内确立这种新近明文规定的权威。他发布命令，严禁赌博、酗酒、争吵，违者严惩不贷。

最后，华盛顿在训练自己的士兵时，不仅要他们学习通常的正规战术，而且要他们学习印第安人的战法和所谓“丛林战术”。这是在荒原上作战所必不可少的知识。除此之外，华盛顿还在容易遭受袭击的各地区的不同地点修建了有铁丝网保护的碉堡，作为避难的场所和抗击敌人的据点。由于有了这些碉堡的保护，居民们开始返回他们各自的家园。他还在一些城堡之间开辟了通道，以便于运输援军和补给品。

华盛顿任总指挥后两年多的时间里，一直随军驻在荒寒边塞，率领一支为数不多的部队，守卫长达 350 英里的防线，使当地居民免遭凶残狡诈的敌人的侵袭。

在执行任务的过程中，华盛顿严于律己，恪守纪律，处事以公，绝不为个人偏好所左右，也不因成见而使人受到伤害，尽最大努力做到赏罚分明。虽然他素有弗吉尼亚贵族出身的声誉，但是他不但能赢得他手下军官阶层的忠心，而且还能赢得所谓“下等阶层”的忠心，岂止是忠心，简直是爱戴。

在保卫边境的岁月里，华盛顿忠实地、富有同情地向总督丁威迪和议会反映边境居民的痛苦。他在 1756 年 4 月 22 日给总督的一封信中写道：“我对表达感情的语言学得太少，不知道该怎样描写人民的痛苦。可是，我又能做些什么呢？我明了他们的处境，我知道他们面临的危险，我也和他们一样痛苦，只能许下一些靠不住的诺言……妇女们恳求的眼泪和男子们的苦苦哀告使我痛苦万分，我愿庄严地宣告，如果要我下一个决心的话，我心甘情愿牺牲自己，任敌屠杀，以拯救我们的人民。”字里行间流露出他对边民的深情的爱。

华盛顿在失败的屈辱中总结经验，在保卫边疆中愈来愈成熟。他不但给自己的战士制定了严明的军纪，更注意培养他们适应各种战术的能力。他建议弗吉尼亚修订现行的兵役法，使兵源得到了保证。他又建议修筑温彻斯特中心碉堡及周围联防的碉堡，以便形成边境巩固的联防线。华盛顿转战疆场，拯民于水火，威望越来越高。他在弗吉尼亚的威望引起丁威迪总督的妒忌。总督阳奉阴违，当着议会称赞华盛顿联防计划的高明，背地里却向英军总司令诋毁华盛顿“狂妄”，还调唆弗吉尼亚的报纸对华盛顿领导的弗吉尼亚民团经常进行中伤和攻击。华盛顿获悉后，针锋相对地揭露丁威迪总督的无能。他在致劳敦勋爵的长信中，全面阐述自己的见解与主张，受到了总司令的青睐。在费城召开的防务会议上，总司令热情接待了这位有胆有识的青年军官。华盛顿很快在各省之间成了著名人物。

然而，由于总督丁威迪的消极态度，使得一些防御措施无法得到实行。所以，在防守边境的一些日子里，华盛顿情绪忧郁，再加上长期操劳过度，身体也垮了下来。有一段时期，他的痢疾和热病一再发作，但是他一直带病工作。后来，他的疟疾愈来愈厉害，他才在1756年离开了西部边境，回到了芒特弗农山庄。

一年以后，形势又发生了巨变。1758年初总督丁威迪去职返英；夏天，华盛顿参加攻占迪凯纳堡的战斗，英军取得重大胜利；冬天来临的时候，法军因供给线被切断已从迪凯纳堡撤走，要塞也被他们烧毁。华盛顿认为弗吉尼亚西部边疆已安然无恙，他也尽了自己的责任，因此决意退出军界，回家结婚。华盛顿的生活从此开始了新的一页。

在英法两国争夺北美殖民地的角逐战中，年青的华盛顿跻身军界。他曾率领数十名弗吉尼亚志愿者在大草原偷袭法军取胜，可又在困苦堡之役中被优势的法军击溃投降；后又随英军将领布雷多克远征迪凯纳堡险遭全军覆灭，身染沉疴，财产损失，军阶下降；再后是在西部边境苦守御敌……在战争经历中，年轻华盛顿的胆略、勇敢、毅力超过了他的军事知识，他对北美风土人情的熟悉多于他打仗的实际才能。在物质上他是一个失败者，在精神上他是一个胜利者。完全可以说，年轻的华盛顿在挫折中崛起，在失败中腾飞，从一个鲜为人知的土地测量员一跃而为声誉日增的英雄，甚至为英吉利海峡两岸的王公贵族所知晓。

在几年的硝烟战火生涯中，华盛顿破除了对英国皇家正规军的迷信，看清了他们的弱点；同时也饱尝了殖民地人民受歧视的苦味：同样级别的军官却得不到相同的薪俸，殖民地人民还不能担任高级军官……尽管华盛顿拼命杀敌，置生死于度外，为英王建功立业，但得到的还是英国殖民当局的不信任。在英国殖民当局看来，华盛顿这些生长在殖民地土壤上的军官，无论有何作为，始终都是一些不可信任的小人物。

但是，嘲弄历史的人往往被历史嘲弄；自命为大人物的人往往被他们视为小人物的人所打倒。

年轻的华盛顿这几年的军事实践，从长远看，难道不可以认为英国当局有意无意地在培养着一名自己的“掘墓人”吗？在大草原和困苦堡的战场上，在布雷多克远征的路途中，新大陆的一代新人正在成长，一柄将悬挂于英王乔治三世头上的宝剑正在砥砺之中！

美国历史上的“第一人”

1759 年 1 月 6 日，华盛顿与玛莎·丹德里奇结婚。玛莎是个寡妇，比华盛顿大几个月。玛莎的前夫卡斯蒂斯是个大庄园主，1757 年病故时给她留下了 15 000 英亩的土地和 150 多个奴隶。玛莎与前夫生有 4 个子女，两个夭折，剩下的两个就成为华盛顿的继子女。华盛顿自己没有子女。

华盛顿与玛莎结婚后就成了弗吉尼亚最大的种植园主之一。他经营有方，不久就成为当地的巨富，弗农山庄成了社交中心，弗吉尼亚的权贵经常到弗农山庄聚会。从 1759 年到 1774 年，华盛顿一直是弗吉尼亚议会的议员，并在 1760 年到 1774 年间，兼任费尔法克斯县的治安法官。在此期间，华盛顿整日生活在他的继子和朋友们之中，过着忙碌但却十分愉快的生活，并以猎狐增添其生活乐趣。

1763 年，英国在 7 年英法战争中获胜，结束了两国 100 多年来争霸北美大陆的斗争。战争结束后，英国国库空虚，统治集团为了转嫁沉重的负担，变本加厉地压榨北美殖民地人民。

首先，英国政府颁布了英王敕令，宣布阿巴拉契亚山脉以西的土地为王室财产，限制殖民地人民向那里迁移。这一敕令打击了新到北美的欧洲移民，但受到打击最严重的是弗吉尼亚等地区的种植园主，其中包括华盛顿家族。

其次，英国政府又宣布了食糖条例、通货条例和印花税条例，强征苛捐杂税。北美殖民地人民与英国统治集团之间的矛盾日益尖锐，抗议运动蓬勃发展，不久就席卷 13 个殖民地。在 1765 年以前，北美殖民地人民都自命为英国的臣民，认为北美殖民地是英国的领土。那里，殖民地人民对宗主国的要求，仅仅是为了取得与英国本土人民的同等权利。但 1765 年掀起的反抗印花税高潮，使抗英运动转入了争取民族独立的新时期。

华盛顿和其他种植园主一样，意识到自己在受英国商人的剥削和英国政府规章的束缚。无论是他的种植园主的经历，还是军事领导人的经历，都使华盛顿对英国主权越来越感到不满。

1765 年 10 月，纽约召开了有 9 个殖民地代表参加的“反印花税大会”。华盛顿积极参加了抵制英货的斗争。1769 年，他写信给伦敦的商务代理人，要他们严格执行抵制英货的协议。当时，他虽然还没有走在反英斗争的最前列，但他的宁静的庄园生活早已结束，他一直在为北美的前途担忧。4月9日，他在给他的好朋友乔治·梅森的信中说，为了保卫与我们生命息息相关的天赋自由，我们每个人都应该义无反顾地拿起武器。不过，他又说武器应该是最后的一个手段和最后一件“法宝”。华盛顿朦胧地预感到，北美人民与英国之间将会爆发一场战争。

1770年波士顿发生英军枪杀5个平民的“波士顿屠杀”事件。1773年波士顿人民反对英国征收茶税，把东印度公司的茶叶倒入海中，形成“倾叶事件”。这两次事件扩展和加深了北美殖民地人民对英国的反抗情绪，各地纷纷成立了革命组织，并互相加强联系，统一反英步调。1774年5月，弗吉尼亚议会开会，呼吁北美13个殖民地的代表召开大陆会议，商讨共同对付英国的办法。这个号召立即得到各地议会的响应。华盛顿坚决拥护大陆会议的召开，并一反常态在会上慷慨陈词：“我打算募集1000名人员，由我自己出钱，带领他们前去援救波士顿。”他的讲话得到了许多人的支持，弗吉尼亚议会立即选他作为第一届大陆会议的代表。即将来临的革命风暴，已把他卷进了群众运动的热潮里。

1774年9月5日，各殖民地代表（乔治亚地区缺席）在费城举行第一届大陆会议。这次会议没有宣布北美殖民地脱离英国而独立，只是作出了与英国断绝一切商业关系的决议，并呼吁各殖民地相互合作。作为弗吉尼亚代表的华盛顿，身着军服出席大会，以示决心以武力反抗英国的压迫。会后他返回弗吉尼亚进行志愿部队的训练工作。弗吉尼亚人民希望华盛顿出来担任领导职务，于1775年3月再次选举他为第二届大陆会议的代表。4月，英军前往波士顿镇压革命人民，当地人民英勇反抗，在列克星屯打响了美国独立战争的第一枪。5月10日，第二届大陆会议在高昂的革命激情中召开，会上通过了对英国进行武装革命的“宣言”，决议把北美民兵整编为大陆军，并于6月17日任命华盛顿为大陆军总司令。7月3日，43岁的华盛顿在波士顿附近剑桥地方的一棵山榆树下，挥剑宣誓就职，并决心领导北美13个殖民地人民为争取独立而进行武装斗争。

华盛顿领导的大陆军与地方民兵配合，从1775年7月起包围了波士顿，英军被围8个月后，不得不于1776年3月撤退。这是大陆军取得的第一次胜利。大陆会议特别批准铸造了印有华盛顿头像的金质奖章，以纪念波士顿的解放。

1776年7月4日，大陆会议在费城正式发表了由杰斐逊执笔的《独立宣言》，宣告北美13个殖民地脱离英国而独立，成立了美利坚合众国（从此7月4日被定为美国的国庆日）。消息传到前线，华盛顿激动得泪水夺眶而出，率领官兵宣誓要为新生的共和国奋战到底。

然而，美国宣布独立只是走向独立的开端。独立战争从1775年4月到1781年10月，整整进行了6年。在这6年中，美国的革命事业有好几次处于危急关头，但是由于华盛顿等人的坚强领导，北美大陆军民英勇战斗，终于取得最后的胜利。

1776年7月，英军35 000人进攻纽约市。华盛顿率领的大陆军只有18 000人，力量对比悬殊，美军多次作战失利，纽约市很快被英军占领。大陆军在撤退时士气低落，几乎瓦解。在这紧急关头，美国思想家托马斯·潘恩在行军途中以《美国危机》为题共写了16篇文章，向大陆军发出了挽救革命的紧急号召。华盛顿统帅的大陆军将士读了这些激励人心的檄文之后，士气大振，决心不惜牺牲，继续为独立而奋战。同年年底，华盛顿率领2400名大陆军在当地渔民协助下，偷渡特拉华河，奇袭特伦敦的英军，以迅雷不及掩耳之势打得英军措手不及，俘敌近千人。次年 1 月 3 日夜，华盛顿又用突击战术打败了普林斯顿的英军。这两次奇袭取得的胜利，虽然没有根本改变独立战争的形势，但是扭转了大陆军一直打败仗的不利局面，粉碎了英军速战速胜的迷梦，它像黑夜中的一道闪光，给美国军民以胜利的希望。当时普鲁士国王弗里德里希二世曾称誉这两次战役是“军事编年史上最光荣的成就”，还送给华盛顿一幅肖像并题词：“欧洲最年长的将军致世界最伟大的将军。”

1777 年 10 月，英军柏高英将军的部队 5700 人在纽约的萨拉托加向美军投降，这是美国独立战争的转折点。1778 年 2 月，美国人民成功地利用欧洲列强之间的矛盾，孤立、打击最主要的敌人英国。与法国订立了同盟条约，法国舰队开往西印度群岛和美国海岸，支援美国的独立战争。从此，战争形势已趋明朗，美军处于有利地位。1781 年 8 月，英军将领康华利率军从北卡罗来纳北上，占领约克顿。华盛顿率领大陆军同法军一道从纽约南下，包围了约克顿。10 月，康华利所率英国军队陷入重围，无法脱围，只得全军投降。至此，英军斗志涣散，已无法进行有力战斗，美国人民的民族解放战争取得了决定性胜利。

美国的独立战争，是世界历史上一次重大的殖民地人民争取民族解放的战争。华盛顿作为大陆军总司令在战争中发挥了很大作用。首先，他正确地分析了形势，深知英国虽拥有优势的军事和经济力量，但是在异国作战，后方远，战线长，地形不熟，不得民心；其次，他发展了一套尽量保存自己力量的战略，并积极利用英军的弱点，运用灵活的战术来对付英军的速决战。当然，华盛顿在指挥上也有过错误，造成了几次失利，有一次他几乎被俘。此外，在独立战争之初，他曾反对黑人入伍，后因英军压境，而美国白人兵源不足，才允许黑人参军。尽管如此，他的献身精神、杰出的战略思想、优秀的组织能力和指挥才干，已为美国独立战争的胜利作出了杰出的贡献，这已得到公认。

独立战争胜利以后，资产阶级和大种植园主掌握了美国的国家政权，成为统治阶级。但是，在采取何种政体，即国家政权的组织形式上，国内不同的阶级、不同的政治集团都有不同的主张。有的主张君主制，有的主张民主共和制。

1782 年 5 月，华盛顿手下有个名叫刘易斯·尼古拉的上校，写了一封信给华盛顿，说他代表战友们的意见，要求华盛顿借军队力量掌握政权，统一领导全国。这实际上是一些军官要华盛顿当国王的劝进书。华盛顿见信后立即复信给尼古拉，义正词严地断然拒绝了他们要他当国王的请求。他在信中写道："使我困惑不解的是，我究竟有哪些举动足以鼓励你向我提出这种要求。我认为这个请求孕育着可能使我国蒙受的最大灾难……如果你对你的祖国、对你本人和你的子孙还关心的话，或者对我还尊重的话，你应该把这种想法从心中清除干净。从今以后，无论你自己还是其他任何人再也不要提出同样性质的意见。"

1783 年圣诞前夜，华盛顿回到芒特弗农和家人团聚。自此以后，他自称是波托马克河畔的一个普通公民。当然，促使华盛顿拒当国王的因素是多方面的，除了他本人具有的资产阶级共和思想以外，美国没有根深蒂固的封建专制主义传统，资产阶级的民主共和思想广泛的流传，民主思想在美国深入人心，都是重要的社会条件。

不过华盛顿毕竟不是一个普通的公民，他与外界的接触从未间断，芒特弗农经常宾客盈门。这种广泛的社交，使华盛顿了解到当时美国社会的许多情况，不因隐居乡间而闭目塞听。

由于政治上和经济上的一些原因，华盛顿逐步认识到制订宪法的重要。还在独立战争时期，他就深感邦联制度的弊端。1783 年，他就说过：“在美国，没有人比我，或能比我更痛切地感到有此必要对目前的邦联制度加以改革。”1786 年秋天，北方爆发了谢司起义，使华盛顿更感到制定宪法的必要。他在给亨利·李的信上写道：“这种起义有如雪球，如不迅速制止，它会‘愈滚愈大’；如果起义者并无冤屈应当将政权的缰绳勒紧，并需坚定不移。违反宪法即加以谴责。宪法如有缺陷，即加以修改。”华盛顿的意见反映了执政的资产阶级和种植园主的要求，他们渴求以宪法为工具维护他们的利益。

华盛顿急于要求制宪，还因为当时社会上存在着一股鼓吹君主制的思潮。为了防止在美国出现君主制，制定一部资产阶级共和原则的宪法，是不可缺少的。

1787 年 5 月，制宪会议在费城召开，华盛顿作为弗吉尼亚州代表出席会议，并被选为主席，主持会议达 4 个月之久。在讨论国家政权的组织形式时，发生了分歧。华盛顿凭借他的威望和代表们对他的信任，从中调停、缓和矛盾，因此，使会议最终在 9 月 17 日通过了宪法。

这部宪法规定美国是一个立法、司法、行政三权分立的联邦制共和国。立法权属于由参议院和众议院组成的国会。各州不论面积大小，一律选出两个参议员；众议院的议员，则按各州人口比例分配。行政权属于美利坚合众国总统。司法权属于最高法院，但最高法院院长由总统任命。华盛顿主持制定的这部宪法在封建君主制盛行的 18 世纪，是有其进步意义的。它否定了国家最高权力的不可转让性和不可分割性，也就是否定了封建君主的“朕即天下”的无上权力和世袭制度。宪法所体现的资产阶级共和制原则，在当时是一种进步的思想。

根据美国宪法的规定，1789 年 1 月，美国举行了历史上第一次总统选举。选举程序是采取间接选举的办法，第一阶段是总统候选人的选举；第二阶段从总统候选人中选举正副总统。选举结果，华盛顿获选票 69 张，被一致推选为美国第一届总统。

1789 年 4 月 30 日，华盛顿在纽约市华尔街的联邦大厦宣誓就职。他是美国历任总统中唯一没有在华盛顿白宫居住的总统，因为当时首都地址未定，临时首都暂设在纽约市，翌年又迁至费城，同年决定在华盛顿建都。

华盛顿是在美国历史的关键时刻，即由反英独立战争胜利转向建设国家的和平时期担任总统的。在两届总统任期内（1789—1797），他在民主派的促动下，使美国宪法通过了第1—10条的修正案，即《人权法案》，规定美国公民有言论、出版、集会等权利，使1787年宪法具有更多的民主性。华盛顿还着手建立起地方法院系统，使司法部门有健全的机构，能较好地行使其职能。在他任期内，西部土地上又建立了佛蒙特、肯塔基和田纳西3个州，并先后加入了联邦。

华盛顿初任总统，内政外交头绪纷繁。他首先设法在内部确立势力均衡，任命了4个具有两派观点的人组成第一届内阁。这4个人是：国务卿托马斯·杰斐逊、司法部长埃德豪·伦道夫、财政部长亚历山大·汉密尔顿和陆军部长亨利·诺克斯。前两者主张地方拥有较大权力；后两者主张中央集权。华盛顿在处理重大问题时往往倾向于汉密尔顿的意见。汉密尔顿代表北方商业资本家的利益，他非常鄙视人民群众，曾狂妄地说："人民，人民是野兽。"

华盛顿为了解决财政困难，维护大资产阶级和种植主的利益，大力支持汉密尔顿采取的财政措施，其中包括向用小麦酿酒的农民征税，建立国家银行，等等。华盛顿的措施，促进了美国资本主义的发展，劳动人民则负担过重，处于贫困之中。1794年宾夕法尼亚西部终于爆发了酿酒农民的起义，即"威士忌酒暴动"。华盛顿认为："如果少数人可以践踏国会通过的法律，并左右多数人的话，共和国政府岂不是完了。”于是他下令调兵“讨伐”。但以汉密尔顿为首的联邦党人所促成的武力镇压，激起了城乡劳动者更大的愤怒，他们越来越多地站到民主共和党一边。

在对外政策方面，华盛顿利用国际矛盾，保护和扩大美国利益。他坚决反对美国卷入欧洲列强的纷争。法国革命爆发不久，英法交战。1793 年 4 月 22 日，华盛顿发表了“中立宣言”，宣称美国与法国、英国都保持和平友好关系，呼吁美国公民不要加入交战的任何一方。他相信，倘若有 20 年的平静，美国就可以强大得足以“在一个正义的事业中同任何一个强国抗衡了”。由于华盛顿坚持了这条道路，美国获得了20 年的平静。

1795 年，华盛顿还在汉密尔顿的影响下，签署了亲英的《杰伊条约》。在这个条约中，虽然华盛顿利用了当时欧洲的复杂局面，并调整了对英的关系，但引起了美国统治集团内部的激烈争论，同时也遭到全国人民的普遍反对。多种民主会社纷纷组织起来投入斗争，声势浩大，震撼了美国。华盛顿倾向于联邦党的立场，抨击以杰斐逊为首的民主共和党。民主共和党进行了激烈的反击，指责总统是言论和集会自由的“真正敌人”。华盛顿在众议院受到了猛烈的抨击。内阁中的联邦党人汉密尔顿和诺克斯终于在压力下辞职。

为了保证西部的所谓“稳定”，华盛顿于 1791 和 1794 年派遣军队镇压，杀戮了大批印第安人。

华盛顿在美国建国之初，为维护和巩固资产阶级国家做了大量工作，在内政外交的许多方面，为美国未来的事业打下了基础。因此，当华盛顿在第一届总统任期将满就要隐退时，无论是联邦党人还是民主共和党人都赞成由华盛顿连任总统，他们认为：华盛顿是“南北双方团结一致”的一面旗帜。1792 年，华盛顿在总统选举中再度当选，而且又是全体代表一致通过，这在历任美国总统中是绝无仅有的。

1793 年 3 月 4 日，华盛顿在费城联邦大厦的参议院大厅，第二次宣誓就任美国总统，仪式极其简单，就职演说也只有短短的 135 字，为历来美国总统就职演说中最简短的。

华盛顿在第二届总统任期期满，又执意引退，不再参加总统竞选。究其原因是多方面的，首先，他感到年迈体衰，终究是 60 多岁的人了；其次，他所厌恶的党派斗争已在美国形成。当时以汉密尔顿为首的联邦党人和以杰斐逊为领袖的民主共和党人（被称为“反联邦派”）相互攻击，难以和解。他虽然竭力从中斡旋、调解，也无济于事。在一些重大问题上，他较倾向汉密尔顿的政策而受到反对派的责难。华盛顿不愿忍受这种折磨，渴望退职。再次，他作为一个共和主义者，主张建立强有力的资产阶级政府，坚决反对君主制或变相的君主制。完全可以说，华盛顿没有当君主的欲望和野心。民主共和党的缔造者杰斐逊就说过：“乔治·华盛顿本人是我们宪法的共和原则的忠实朋友。……他曾一再对我说，他不惜流最后一滴血，支持人们反对任何想要改变宪法的共和形式的企图。”

1796 年 9 月，华盛顿发表了一个告别演说，作为他的政治遗言。不论华盛顿同时代人对他的引退是褒是贬，不论从历史长过程进行透视，还是与当时欧洲政界进行横向比较，华盛顿的告别演说与二任引退无疑为美国留下了两笔巨大的遗产。

第一，告别演说本身成了美国历史上的一份重要政治文献。在内政方面华盛顿在演说中着重强调了美国的联合是关系国家命运、民族兴衰的最重要问题，他告诫他的同胞：“你们应该正当地估计全国性的联合对你们集体和个人幸福的巨大价值。”他敦促他的国民同心同德，团结一致。华盛顿还指出破坏全国性联合的最危险的敌人就是邪恶的党派斗争。

在外交方面，华盛顿在告别演说中怀着真诚的希望告诫他的同胞，要遵循“避开与外界任何部分的永久联盟”的原则，“通过人为的纽带把自己卷入欧洲政治的诡谲风雨，与欧洲进行友谊的结合或敌对的冲突，都是不明智的”。华盛顿的忠告，对他的继任者产生过较大的影响。

华盛顿的这篇演说是积 8 年执政之经验教训，集内外政策之大成精心制作而成，诚如他自己所说 8 年任职期间他就是根据演说辞所述原则“行事”的。它也是华盛顿针对国际国内政治风云的变幻，针对党同伐异的时弊的有感而发的。其目的，一是批评国内的党派活动，二是借此阐明他推行的国内外政策的正确合理性。完全可以说，此篇演说是华盛顿向美国人民告别之前对自己同胞的忠告和对国家未来的期望，情真意切，寓意深长。

第二，如果说告别演说作为一篇政治文献是华盛顿为国家留下的一篇有形财富，那么他二任引退的行为就是无形的精神财富，即为后来入主白宫的总统们树立了任职不超过两任的先例。

美国建国以来40多位总统中，除了富兰克林、罗斯福因第二次世界大战的原因任期超过两届以外，再没有一位总统的任期超过了两届。1947年通过并于1951年批准的宪法第22条修正案明文规定：美国总统的任期不得超过两届，使历史上的惯例正式成为宪法的规定。

华盛顿从纷扰的政治舞台上从容不迫地走下来，慢慢地消失在普通百姓中间……一位对他怀着崇拜感情的人当时这样写道："现代历史上没有更纯洁的人物值得纪念了。他意志坚定，行动果敢，正直廉洁……他之所以成为伟人，与其说是意向不如说是环境逼迫；他之所以能战胜敌人，与其说是靠了战争艺术的超凡天才，不如说是凭借了他明智的决策和坚韧不拔的性格。……他是克伦威尔，但没有他的野心；他是苏拉，但没有他的恶行；在他以自己的努力使祖国进入独立国家的行列以后，他自愿交出了感恩戴德的民众授予他的权力，结束了他的政治生涯。"

同月，65岁的华盛顿再次回到他心爱的芒特弗农山庄。

1799年12月12日，华盛顿骑马外出，途遇风雪，回家后卧病不起。他保持固有的沉着与冷静，同私人秘书谈了自己的丧葬事宜，指示其家属释放农庄所有奴隶。14

日，他的病情迅速恶化，经医生抢救无效，当天晚上 10 时许，华盛顿离开了人间，终年 67 岁。

乔治·华盛顿曾是英王的忠顺臣民，在英法争夺北美殖民地的战争中，为英国立下了汗马功劳；后来，又成了弗吉尼亚最富有的种植园主。在思想感情和政治立场上，他与英国统治阶级有着千丝万缕的联系。但是，在美利坚民族奋起反抗英国殖民统治、争取民族独立的危急关头，他虽然有过彷徨、犹豫，最后还是坚决同人民站在一起，抛弃安逸舒适的庄园生活，离别亲人，高举抗英的旗帜，走上硝烟滚滚的战场，直到把英国殖民军赶出神圣的国土。他这种为了祖国和民族独立而舍弃一切的爱国主义精神，受到人民的赞扬。

美国独立以后，华盛顿又放弃了隐居生活，再次出山，积极推动制宪并成功地主持了制宪会议，为 1787 年美国宪法的制定作出了突出贡献。作为美国历史上第一位总统，面对一个新的国家，他做了许多有益的事情，其中最主要的是使资产阶级共和制度在美国奠定了基础，为美国的未来开创了一个良好的起点。因此，美国人民把他尊称为“国父”。

在美国争取独立的战场上，虽然他不是一位百战百胜的常胜将军，但是他意志坚强，善于认清形势，决策果断，终于赢得了独立战争的胜利。可以说，是民族解放战争造就了华盛顿这样一位军事家。

华盛顿不迷恋个人权力和地位。在独立战争胜利后，他不仅拒当国王，而且在任两届总统后，又决意引退，这在早期资产阶级革命家和政治家中的确是难能可贵的。

为了纪念这位伟大的爱国者、民族英雄和杰出的政治家，美国人民把首都命名为华盛顿。1885 年在首都正式建成雄伟的华盛顿纪念塔，塔高 555 英尺，内壁嵌有 190 块经过雕刻的石头，其中有一块是中国清政府赠送的石碑，上面铭刻着这样的评语：“按华盛顿异人也。起事勇于胜、广，割据雄于曹、刘……开疆万里，乃不僭位号，不传子孙”，表达了中国人民对华盛顿的高度评价。现在，这块纪念碑已成了中美人民传统友谊的象征。

华盛顿逝世后，无数后人曾用许多华丽的词藻来颂扬他，然而其颂词都不如当时亨利·李的话语贴切，他誉称华盛顿是“战争时期的第一人，和平时期的第一人，同胞心目中的第一人，是一位举世无双的伟人……”纵观华盛顿的一生，的确如此。

乔治·华盛顿是这样一个人：他被自己的同胞尊为

“国父”，被朋友誉为伟人，被对手或反对过他的人视为值得尊重的人物。他死了，但他的名字同争取民族独立和建立资产阶级共和政体的事业密不可分，他的业绩如同高耸入云的纪念塔牢牢树立在美国人民的心中。拿破仑就曾说过：“华盛顿尽善尽美。子孙后代将怀着敬意把他作为一个伟大帝国的缔造者来谈论；而到那时，我的名字将在革命旋涡中消逝。”

总之，乔治·华盛顿无愧于一个时代的伟人。

图哈切夫斯基

童年和少年

图哈切夫斯基，全名米哈伊尔·尼古拉耶维奇·图哈切夫斯基，出生在俄国的一个世袭贵族家庭。世袭贵族在当时的俄国是享有很多优惠待遇的，比如免税啦，免除体罚啦，还有获得世袭领地等等许多让人羡慕的好处。一般获得的世袭领地有好几百亩，多的甚至达到上千上万亩。而且这些领地土质肥沃，风景优美。对于俄国其他等级的人来说，这些待遇都是可望而不可即的。世袭贵族还可以荫及子孙。图哈切夫斯基的祖先从 17 世纪下半期就开始服军役，并且获得了世袭贵族的称号。到了图哈切夫斯基的父亲尼古拉·尼古拉耶维奇时，已经不在军队服役了，而是住在斯摩棱斯克省多罗戈布日县亚历山大德罗夫斯科耶领地（即现今的斯摩棱斯克省萨福诺沃区斯列德涅村附近）。这处领地依山傍水，风景美丽极了。山上长着各种各样的树木、花草，到了夏天，山野一片葱绿；冬天，白雪皑皑。这里不仅山美，水也美。夏日里，河水清澈见底，鱼儿在水中翔游、嬉戏。老人们拿着钓鱼竿、带着鱼饵、坐在岸边自得其乐，孩子们在水中游泳、打水仗。冬季，孩子们在冰上滑冰、滚冰，好一个吸引人的圣地。

1893 年 2 月 16 日，米哈伊尔·尼古拉耶维奇·图哈切夫斯基呱呱坠地，并在这里度过了难忘的童年时光。当小图哈切夫斯基来到这个世界上的时候，他的祖母索菲娅·阿列芙京诺芙娜还健在。祖母是个受过教育、知书达理的人，而且她性格活泼开朗，是个受人尊敬的长者。仅受过教育这一点，在当时就已经很了不起了。祖母年纪已经很大了，但她的身体依然很健康，而且精神矍铄，仍然能操持家务、料理领地。祖母看到孙子图哈切夫斯基的出世，乐得合不拢嘴，整天地抱呀、亲呀，高兴得什么似的。图哈切夫斯基对这个世界充满着好奇，从不安静地待一会儿，总是睁大好奇的眼睛，看着、听着这世界。

祖母虽然勤于劳作，悉心料理领地，但由于经营不善，领地先是被抵押出去，后来干脆被卖掉。祖母留恋这里的一草一木，留恋这里的山山水水，但是由于债务危机，不得不离开这块领地。图哈切夫斯基一家只好迁往祖母在奔萨省巴尔县的弗拉日科耶领地。还好，弗拉日科耶领地的景色也很美丽，祖母沉闷的心情稍觉开朗；到达领地的当天，图哈切夫斯基一家还举行了小型的庆祝活动。

图哈切夫斯基的父亲尼古拉·尼古拉耶维奇长得高大魁梧。黑黑的头发，一双炯炯有神的眼睛，显得非常英俊。他受过良好的教育，文化修养很高，谈吐幽默、风趣，而且由于他平易近人，孩子们很愿意和他相处。他讲故事引人入胜，孩子们总是乐意围着他打转。有一次，孩子们听他讲故事，居然忘记了吃晚饭，直到母亲们把他们强行拉回家去，他们才感到饥肠辘辘了。吃完晚饭后，又继续纠缠着尼古拉耶维奇，直到很晚了，他们才离去。尼古拉耶维奇性格外向，喜欢交往，喜欢结交一些文人雅士，和他们谈天说地，好不惬意。尼古拉耶维奇还爱好音乐，喜欢过田园式的生活，热爱大自然。他常常徒步漫游，常常达一个小时之久，直到兴尽体倦，才想起回家。

他不愿受封建道德观念的束缚，不信奉上帝，认为上帝是根本不存在的，而且还鼓动别人不要信仰上帝，说那是一种愚蠢的想法。因此，他被当地贵族所痛恨，他们常常公开反对他、远离他，但他并不因此而屈服。他还常常阅读一些关于无神论的书，更加坚信上帝是不存在的。更使当地贵族不能容忍的是，他不顾世袭贵族的身份，要娶普通农民彼得·普罗霍维奇的女儿玛芙拉·彼得罗芙娜做妻子。

彼得罗芙娜中等个儿，身材苗条，一双明媚传神的眼睛令许多男士为之倾慕。她心地善良，性格温柔，能和别人友好相处，是个温顺善良的好女孩。她虽没有接受过基本的教育，但是她通情达理，勤劳朴实，善于料理家务，还是一个非常有孝心的女孩。正是由于这些优点，尼古拉耶维奇才不顾他的贵族身份，坚持要娶可爱的彼得罗芙娜为妻。在当时的俄国，贵族喜爱农民的女儿的也很多，但能顶住各方面的压力，最终和农民的女儿结合的却很少。

尼古拉耶维奇下定决心向彼得罗芙娜求婚。心地善良、通情达理的彼得罗芙娜其实也很喜欢尼古拉耶维奇，盼望着尼古拉耶维奇能向她求婚。这一天终于来到了，彼得罗芙娜好高兴呀！很是奇怪，就在尼古拉耶维奇向她求婚的那天晚上，彼得罗芙娜居然梦见自己和她心中的白马王子骑着棕色的马驰骋在辽阔的草原上，这就是所说的“日有所思，夜有所梦”吧！在俄国，结婚要求门当户对，或者是娶一个父母有权有势的女孩，借此机会可以进入上流社会。尼古拉这样做就失去了进入仕途和进入上流社会的机会。但他勇往直前，毅然决然地娶了彼得罗芙娜小姐。结婚那天，彼得罗芙娜打扮得特别漂亮、高雅。尼古拉耶维奇看着他的心上人，幸福的微笑洋溢在他的脸上。

亲人们欢呼雀跃，祝福这对新人，祝福他们白头偕老，祝福他们携手共创美好人生。彼得罗芙娜的心里好甜好甜，她为能拥有这样一位稳健、豁达的丈夫而心满意足。然而，由于尼古拉耶维奇和彼得罗芙娜小姐的结合，使得他和贵族的隔阂日益加深，自由主义色彩愈加浓厚。他越来越痛恨贵族阶层，愿意与普通农民交往，和他们谈心，了解他们的疾苦，深入他们的生活，帮助他们解决一些自己力所能及的问题。伟大的十月社会主义革命后，当地的农民并没有忘记图哈切夫斯基一家对他们的恩惠和帮助，农民大会经研究决定分给他家两头母牛、两匹马和全部的农具。也正是在父母的影响下，孩子们从小就和农民有很多的接触，和农民的孩子一起玩捉迷藏、荡秋千等游戏，还和农民一起到田间去，虽然不会耕作，但是耳濡目染，孩子们也养成了爱劳动的习惯。有时候，孩子们跟着到农民家里去，品尝着他们从没有吃过的饭菜，他们吃得津津有味，回家嚷着要妈妈做给他们吃。

图哈切夫斯基的父母共生了 9 个孩子，4 个男孩和 5 个女孩。图哈切夫斯基排行第三。孩提时代的他就异常活泼，非常爱动，如果有一会儿他坐在那里不动了，那他就是身体不舒服，父母就要忙着带他看医生。生性爱动的他变着法儿淘气，整天在外边和小朋友们玩耍，从不知道什么是累。他常和小朋友们做的游戏是捉迷藏，他非常机灵，每当眼睛被蒙住的小朋友开始抓人时，小图哈切夫斯基轻轻地踮着脚走，牵着那个小朋友的鼻子走，可是那个小朋友就是抓不到他，弄得小图哈切夫斯基总是开心地大笑。他还喜欢和小朋友们一起围坐在父母身边，听他们讲故事。小图哈切夫斯基也常因一些古怪的把戏受到大人的惩罚，但是小图哈切夫斯基并不在意，只过一小会儿，他就又有说有笑继续玩他的游戏了。他还喜欢玩战争游戏，常和小伙伴们摔跤。有时他被摔倒了，但他能坚强地站起来，还和小朋友握握手，表示佩服，他并不记恨把他摔倒的小朋友，而且还有些尊敬呢。有的比他大一点儿的小朋友欺负他，他并不报复，也不去找父母去。当别人批评欺负他的小朋友时，他还为人家讲情，弄得那个小朋友也不好意思欺负他了，而且还成了他亲密的好朋友呀！

图哈切夫斯基很小就敢骑马。就为这个，父亲特地为他买了一匹温顺的小马。父亲把他抱上马，他居然还嚷着要鞭子，好像要骑着他心爱的小马去驰骋疆场。图哈切夫斯基不仅爱骑马，更爱护他可爱的马，经常去看小马的饮食状况，偶尔还拿着梳子，让父亲为小马梳鬃。小马也好像和小图哈切夫斯基建立了友情，每当小图哈切夫斯基一出现，小马就用蹄子刨地，表示很欢迎小图哈切夫斯基的到来。等到小图哈切夫斯基稍微长大一点儿的时候，便开始玩哑铃、杠铃，锻炼握力和拉力，天天坚持，日子久了，小图哈切夫斯基身上的肌肉就开始明显地突起，力气也比同龄人大得多，和小朋友们掰手腕时，他毫不费力就能把小朋友扳倒。有的小朋友用两只手也不是他的对手。这几种活动不仅增强了他的体质，也磨炼了小图哈切夫斯基的顽强的毅力。

图哈切夫斯基全家充满了相互理解、相互尊重的和睦气氛。这为孩子们树立了好榜样。也正是由于生长在这样的家庭里，图哈切夫斯基从小养成了尊敬他人、热爱劳动、诚实正直、有高度的社会责任感这些最可贵的品质。父亲尼古拉耶维奇愤世嫉俗的思想、不信仰上帝的观念，都深深地影响了小图哈切夫斯基。母亲对劳动人民的同情，以及对劳动人民的帮助，这些都在他幼小的心灵里扎下了根。随着他年龄的增长、社会阅历的加深、文化科学知识的丰富，他就越来越憎恨社会不公平现象，越来越怀疑沙皇专制制度的公正性，与统治阶级的隔阂也日渐增大。

理想和志向

图哈切夫斯基从小就想当一名军人。他通过各种体育活动有意识地增强自己的体魄，磨炼自己的意志。小图哈切夫斯基很羡慕身着军装的人，嚷嚷着要买一身军装穿穿。一次，父亲从外省回来真的给小图哈切夫斯基买回一套，他高兴得直亲爸爸。噢，身穿军装的小图哈切夫斯基俨然一名戎装待发的小战士，他那自豪得意的样子，真是可爱！

小图哈切夫斯基还很爱读书，尤其是军事方面的书。后来无论在学生时代，还是在被俘期间，或者是在打仗的空隙间，只要一有机会，他仍然会拿起书来。在他受命组建第一集团军那些紧张的日子里，他也一心想着读书，只是到哪里去弄书呢？那些天真是苦坏了图哈切夫斯基。忽然，他灵机一动，决定吩咐奔萨省的革命军事委员会，向战前曾在奔萨驻扎的所有部队征集图书。这一招还真灵，部队征集到了好多好多的书。有关经济的、地理的、历史的、政治方面的，还有小说文艺书刊，但更多的是军事方面的书，高兴得图哈切夫斯基简直手舞足蹈起来。他经过认真的筛选，在司令部设立了第一个粗具规模的图书馆，此举可称得上是个创举，一些爱读书的军官经常到图书馆选自己喜欢看的书。有一些军官还真争气，考上了不同的军事院校，为第一集团军争了光，露了脸。图哈切夫斯基也受到上级领导的表扬。

图哈切夫斯基最喜欢看的书是描写历史上著名军事统帅或描写战争方面的书，看这些书能使他废寝忘食。他最崇拜的英雄是俄国著名的军事家苏沃洛夫元帅。阿·夫·佩特鲁耶夫写的《大元帅苏沃洛夫公爵》一书，他几乎一行行一字字地琢磨。有的句子他能一字不差地背诵下来。哪部分内容在哪页，以及前后的内容，他都极其清楚。每逢读到妙处，他能几个小时一动不动地坐在那里。母亲来叫他吃饭，他也视而不听，还沉浸在书里。这些书他都逐渐地吸进脑子里，在他的心灵深处扎了根，想当一名军人的愿望也由此而生。他还喜欢读列夫·托尔斯泰的长篇小说《战争与和平》等等一系列书籍。

读了这些书，为他以后作战、在战场上叱咤风云打下了坚实的军事理论的功底。由于他有军事上的雄才大略，机敏而善于思考的头脑，当机立断而又敢于冒险的作战风格，使他刚刚参加革命，便在战争中屡建战功。即使在众多的功臣名将中也是个佼佼者。因此得到了“红色拿破仑”的雅号。当然，这个称号也包含了其他多层的意思。一是他本人崇尚拿破仑；二是他具备拿破仑式的头脑和军事天才；三是他具备拿破仑式的独断风格和“野心勃勃”……

图哈切夫斯基还希望自己成为一名音乐家或小提琴手。图哈切夫斯基的祖母曾拜尼古拉·鲁宾施泰因为师，弹得一手美妙的钢琴。也许是由于遗传因素吧，图哈切夫斯基自幼就从父亲和祖母那里继承了酷爱音乐的传统。每当乐声响起，小图哈切夫斯基不管在做什么都要跑到钢琴边，聆听美妙的音乐。图哈切夫斯基家里陈设很简单，室内只装饰有几面大镜子和两架钢琴。据说，其中的一架是鲁宾施泰因专用的。父亲尼古拉耶维奇和祖母常常并排坐在钢琴边，用四只手出色地合奏。他们喜爱的作曲家有莫扎特、贝多芬和肖邦等等。

由于生长在这样的家庭氛围里，孩子们个个都对音乐产生了兴趣。他们还开始学习乐理知识，那每一串音符对他们来说都是一种美妙的旋律。他们一有时间，就请父亲和祖母教他们乐理和弹奏钢琴。一开始，他们不太听使唤的手指弹奏钢琴时软绵绵的，没有力气。父亲和祖母就手把手地教，一遍不行，两遍；两遍不行，三遍。这样练习了几天，才有了些进步。孩子们下定决心练好钢琴。他们总是坐在钢琴前，废寝忘食地练习。这样练了不久，父亲和祖母的脸上都露出了微笑。图哈切夫斯基的哥哥亚历山大和最小的弟弟伊戈尔经过努力先后都考上了音乐学院，尤其是弟弟伊戈尔被当地的人认为是“神童”，每当他演奏钢琴时，人们不管手中正在干什么活，都会不约而同地停下来，聆听他的演奏。当兄弟俩离家去音乐学院的时候，很多人都来送行。图哈切夫斯基钢琴弹得不错，小提琴拉得也很好，他很高兴独自在树林边、在小溪旁、在山上、在田野里拉他的小提琴，好让大地、山川、河流都能与他共享音乐的美妙。他想象着每当他演奏的时候，原本寂静的森林微微拂动（当然，这是风的作用），原本自由游动的鱼儿会凑在一起，一会静下来听音乐，一会又议论评价一番：噢，真是个了不起的小提琴家哩！图哈切夫斯基不仅仅会拉小提琴，他还会自己动手自制小提琴呢。当他成为苏军元帅时，他自制了最后一把小提琴。当时，孩子们经常聚在一起，有时是家里，有时是草坪上，也有时是在平坦的田野里，举行小小的音乐会。音乐会一般都由图哈切夫斯基主持，这是因为他是音乐会的主角的缘故。他能即兴编出幽默、滑稽的讽刺小诗，逗得小朋友们捧腹大笑。小图哈切夫斯基也很爱好画画。他画的山呀、水呀、鸟呀等等都形象逼真，虽算不上什么名家之作，但也可引以为自豪了。在学生时代，他也未放弃过画画。同学们毕业时，他还为他们素描，为他们画学校的桌椅、操场、画学校的房屋，以便让他们永远记住学生时代，记住他们曾经在一起的日子。他绘画的爱好一直保持着，即使在最紧张的战争岁月，他也未放弃过绘画。

对于图哈切夫斯基一家来说，最愉快的日子还是在奔萨省的弗拉日科耶领地度过的。只要看一张保存下来的当时的全家福，就可以领略一二了。这张全家福活生生地再现了她们在弗拉日科耶生活的情景，木头房的墙上挂着祖母阿列芙京诺芙娜的老师鲁宾施泰因的大画像，房间里还摆着乐谱架、钢琴，钢琴旁坐着祖母，祖母面带微笑，好像这一切都使她心满意足了。祖母的身后站着一大群孙子孙女们，男孩们的脸上都流露出顽皮的神色，而女孩子们呢，则显得矜持、高雅。当时的图哈切夫斯基正在奔萨第一中学低年级学习。照片里的他身穿学生短制服，显得格外精神。

学生时代

童年时代的图哈切夫斯基渴求知识，希望早日走进学校的大门。每当看到小哥哥小姐姐们背着书包高高兴兴去上学的时候，他的心里直痒痒。回到家里央求爸爸妈妈：我要去上学，我要去上学。爸爸妈妈耐心地告诉他：你还小，等你长大了，就送你去上学。最令图哈切夫斯基激动和兴奋的一年终于来到了，那是 1904 年，小图哈切夫斯基被允许上学了。这时图哈切夫斯基一家已从农村搬到了奔萨市。只有夏天孩子们放假时，才回到弗拉日科耶领地。

奔萨是一座美丽的小城市，尤其在文学方面颇有名望，谢德林在奔萨服过苦役，作家库普林出生在纳罗夫恰特，并在那里度过了童年，别林斯基在琴巴尔县城里读过书。到了 20 世纪初，奔萨已成为该省文化中心，城里有各种学校，如男女中学、美术学校。美术学校有大型绘画陈列馆、有藏书丰富的莱蒙托夫图书馆和契诃夫参加创建的别林斯基阅览室。奔萨已不再是谢德林给安年科夫信中描写的那个“讨厌的小城”，而被称为“莫尔多的雅典”。

城里的学校教学质量很高，吸引了许多其他城市的学生。学校里有设备齐全的活动场地，有单杠、双杠、秋千、篮球场地、足球场地、乒乓球场地，还有其他许多供同学们活动的地方。同学们在紧张的学习之余，可以再适当地做一些体育活动，活动活动筋骨，真是个让人羡慕的地方。

这里顺便提一下，19 世纪 60 年代的奔萨曾是波兰革命者的流放地，后来又是民粹党人的流放地，19 世纪又成了社会民主党人的流放地。流放者的激进思想不能不对这个小城市的知识分子产生影响。

然而图哈切夫斯基于 1904—1909 年在奔萨第一中学学习的经历却是令他深感失望的。这所学校所使用的教材内容陈旧，老师所采用的“填鸭式”的教学方法使学生们感到乏味。课上许多学生昏昏欲睡，但又在老师的教鞭的驱使下，被迫听那些枯燥没趣的东西。这种教学方法严重压抑了学生个性的发展，使学生不能积极主动地提出问题、分析问题、解决问题。从小性格开朗、生性爱动的图哈切夫斯基对这种教学方法更加反感，对学习没有兴趣。学校保存下来的档案对他的学习情况是这样记载的：“尽管有才能，但学习不好”，“勤奋——3 分”，“注意力——2 分”，“全年旷课 127 节”，“因在课堂上说话受处分 3

次”，“不学习神学”。与此形成鲜明的对比的是，图哈切夫斯基非常喜欢天文学，喜欢体育活动。他常常在夜晚观察广阔无垠的星空，翻阅关于天文学方面的书籍。他喜欢的体育活动如体操，成绩名列全年级第一名。他还喜欢摔跤运动。由于经常进行体育锻炼，在全年级学生中属他的力气最大，被同学们称为“河马”。他还允许别人在他脊背上打，从来没有人打得过他。图哈切夫斯基的同学们一致认为：不是图哈切夫斯基学习不好，是那种教学方法丝毫不能激发他的学习兴趣。课堂上那种死气沉沉的气氛令他难以忍受。他总是身在课堂里，心却早已飞到广阔的校园外。短短的四五十分钟，使他如坐针毡，总是盼望着早点儿下课。每当下课铃声响起，他就飞快地冲出教室，开始进行体育锻炼。童年时代对上学的向往早已烟消云散。他对教员板着面孔，大声挖苦、嘲笑学生的做法非常气愤。他对教员态度也是很随便的，尤其是对那位教授神学课的神甫。有好几次，当神甫用软绵绵的、甜蜜蜜的语调讲授那些奇迹之后，图哈切夫斯基大胆地站起来，并很有礼貌地说：“神甫，您下节课还给我们讲神话吗?”把神甫给气坏了，但他也拿图哈切夫斯基没办法，只有把他赶出教室。

这种举动并不是图哈切夫斯基暂时的冲动和胡闹，也不只是表面上简单地模仿他的父亲尼古拉耶维奇，而是在他的心灵里早有这种反宗教意识。他不相信什么上帝、神灵的存在，而且经常告诉其他的人，不要相信神，神灵、上帝是根本不存在的。在上中学时，他常常把批驳圣经的小册子拆开，公开、大胆地贴在房间墙壁上，还在上面写了一幅横批："如果没有上帝，就应当把它造出来。"有一次当地警察局长偏巧看到了这横幅，明知故问图哈切夫斯基这横幅的含意。图哈切夫斯基正要大声解释它的含意，父亲尼古拉耶维奇急忙把他拦住，并且装出十分生气的样子，撕下了那个横批，大声呵斥图哈切夫斯基几句，告诫他以后不许再贴类似的批语。图哈切夫斯基点头答应，这场风波总算过去了，但是图哈切夫斯基终究还是遇到了麻烦。原来当时每个中学生的考勤簿上都印有"忏悔录"，该"忏悔录"由神甫在大斋期间填写，并由此证明该生是否做了忏悔和进了圣餐，而图哈切夫斯基既没有做忏悔，也没有进圣餐。四年级总算蒙混过去了，可是到了五年级时，班主任老师偶然发现了这个问题，并反映到校方。校长把图哈切夫斯基父亲尼古拉耶维奇叫来，告诉他图哈切夫斯基的所作所为。家里担心让他继续留在学校里不会有好结果，学校一定会开除他，勉强劝他做了忏悔和进了圣餐，但是大家也很清楚图哈切夫斯基必须得离开这个学校了。正是由于这个原因，图哈切夫斯基一家于 1909 年迁往莫斯科。

这里还得说一下，图哈切夫斯基在奔萨第一中学上学期间，正是日俄战争时期。日俄战争爆发后不久的 1905—1907 年，俄国爆发了一场革命，这次革命按其内容来说是资产阶级民主革命。按其斗争的手段来说，又是一次无产阶级革命。这次革命虽然最后失败了，但它却进一步唤醒了俄国人民，沙皇俄国政府统治的根基遭到强烈的震撼。

图哈切夫斯基一家从奔萨迁到莫斯科以后，开始住在乌斯缅卡亚巷一套简陋的公寓里，后来又迁到菲利普港。图哈切夫斯基开始进入一所 10 年制学校读书。这个学校比奔萨第一中学好得多。教员不是用那种“填鸭式”的教学方法，图哈切夫斯基对学习产生了一些兴趣，学习也变得积极主动一些了。课上他认真听老师的讲课，思维也跟着老师转。课下他也能完成老师布置的作业。图哈切夫斯基和同学们友好相处，同学们带着他去参观莫斯科的一些建筑，给他讲学校里以前发生的事情。他也给同学们讲他的家乡奔萨的一些事。图哈切夫斯基在这里愉快地读完了

6 年级。可是当他毕业时，由于选择的职业不同，他和父亲尼古拉耶维奇发生了争执。图哈切夫斯基从小渴求当一名军人，然而父亲不喜欢他选择这个职业，希望他能在音乐和体育方面发展。但是图哈切夫斯基不愿选择这些职业。最终父亲还是没有说服图哈切夫斯基，任他选择职业，也就是允许他选择军人这个职业。图哈切夫斯基好高兴呀！他从 10 年制学校转到了叶卡捷琳娜第一武备学校。这所学校并不是谁都能进去的，还必须得通过入学考试。可这对于聪明的图哈切夫斯基来说，并不是一件难事。他经过几个月的准备，于 1911 年 8 月通过了考试，而且成绩很好。入学考试过关以后，同学们向他表示祝贺。图哈切夫斯基又拿起他的画笔，开始为同学们作画。他们还举行了小型音乐会，虽然规模不大，但也足以令图哈切夫斯基难以忘怀了。

叶卡捷琳娜第一武备学校的宗旨是使受教育者为君主和国家效劳，牢固树立无限忠于君主的观念和志向。这所学校特别注重教学质量。校长里姆斯基—科尔萨科夫注重提高教师队伍的素质，对教师进行业务培训，并对高质量的老师给予奖励，激发他们的教学热情。在校长的努力下，这所学校以教学质量高而闻名全国，它培养出来的学生在知识水平上超过了普通中学和教会中学，而且这个传统一直保持下来。这所学校除了开设一般中学所开设的课程（拉丁文例外）外，还开设有：音乐、体操、击剑、队列训练和“遵照陆军大臣指令开设的舞蹈课”。

进入这所学校学习，使得图哈切夫斯基异常兴奋，什么体操啦、音乐啦……都正合图哈切夫斯基的口味。这时的他和奔萨第一中学时的他简直判若两人。课上，他学习积极主动，积极回答老师的提问。由于他学习勤奋、善于动脑，基础课很出色，经常得到老师的表扬。课下，他积极进行体育锻炼，还独揽了体操、击剑、射击和体育几个项目的一等奖。同学们都对他佩服至极。此时的他并不骄傲，和同学们一起切磋技艺，并帮助他们纠正姿势，这就更加获得了同学们的尊重。到校后不久的他，即被任命为学员班长，这是很少见的。原来武备学校学习成绩第一名的学生，与图哈切夫斯基相比相差很多。可见图哈切夫斯基的成绩是多么出色。父亲为儿子的成绩感到自豪，但他并不当面表扬图哈切夫斯基，而是鼓励他继续努力，以实现他的理想。

图哈切夫斯基不仅如此，他还利用业余时间读各种书，用专门的笔记本摘下最有趣的军事历史事件、最精彩的战役、著名统帅的格言，等等。图哈切夫斯基的记忆力很好，苏沃洛夫的军事遗训他能倒背如流。通过课外读书，大大开阔了图哈切夫斯基的视野，他的羽毛已日臻丰满了。

莫斯科与奔萨相比，对图哈切夫斯基更具吸引力。莫斯科城里，自由空气很浓，各种思想异常活跃，又是文化中心，他可以随意去听音乐会或者去剧院和看电影。在学校里，学生的思想也很活跃。在学生中秘密传抄手抄本杂志《叶卡捷琳娜军校生》。在这本杂志上刊登着一些对不受学生欢迎的教员的讽刺画以及一些小道消息。学校当局认为这有煽动革命、蛊惑人心的意味，所以这本书被查封了。但是，学生们接受新思想的愿望是锁不住的。

在图哈切夫斯基家里，自由空气也很浓，青年人可以在这里无拘无束、海阔天空、自由自在地玩耍，尽情地表明自己的观点和对时局的立场，就自己的未来与俄国的命运进行激烈争论。在争论中不可避免地涉及人生道路的选择问题。这些都对图哈切夫斯基产生了一定的影响。

在叶卡捷琳娜武备学校学习期间，图哈切夫斯基始终名列第一，所以在毕业时，他可以任意选择学校。在当时大多数人的眼里，选择学校的顺序应该是这样排列的：彼得格勒巴甫洛夫军校、米哈伊尔炮兵学校、尼古拉工程学校……然而图哈切夫斯基并不在乎学校牌子，为了实现他成为军人的夙愿，他选择了莫斯科亚历山大军校。因为这所军校虽然牌子不如彼得格勒巴甫洛夫军校，但也是俄国最好的军校之一，在军事训练方面首屈一指，它培养出来的学生大都是出类拔萃的，还没有哪一所学校能比得上它。尤其是在第一次世界大战前，学校由恩·伊·根尼斯特中将担任校长时，更是名声大振。所以当允许图哈切夫斯基选择学校时，他毫不犹豫地选择了这所学校。在学校公布毕业生去向的时候，同学们都紧张地注视着每个人的选择。当宣布图哈切夫斯基选择的是莫斯科亚历山大军校时，同学们都禁不住发出轻轻的叹息声。这大大超出了同学们的预料：为什么选择亚历山大军校，而不是巴甫洛夫军校？巴甫洛夫军校是多少人向往的啊！当同学们问及图哈切夫斯基这个问题时，他只以一笑了之。

图哈切夫斯基进入亚历山大军校后，对学习抓得相当紧，对训练格外认真。他不满足于课堂上学到的知识，不满足已有的结论。他很爱独立思考，常常向老师提问：为什么这样，为什么那样啊！凡事都要问个为什么，因而对所学课程理解很深。同学们都对他刮目相看。在研究战术问题时，他得出的结论常与教学经验丰富的教官的见解不谋而合。这些教官很喜欢图哈切夫斯基开朗的性格、聪明的头脑、勤奋的学习态度。愿意和他交朋友，聊天，谈论时事。图哈切夫斯基也喜欢听曾经参加过日俄战争教官的课。这些教官既有丰富的军事理论知识，又有丰富的实战经验，能深入浅出地剖析一些典型战例，他觉得听这样的课很过瘾，因而他学习劲头很足。尤其是在日俄战争后，军校开课完全从实战出发，培养军官的目的完全是为了战争，野外军事训练也进一步强化，夏天将士官生拉到霍斯顿荒原上的临时营房里，在这里摸爬滚打，进行实弹射击。他们还进行战术、地形等训练。图哈切夫斯基整天刻苦训练，不叫苦，不喊累，训练自己过硬的本领。这些为他后来带兵打仗打下了坚实的基础。

在繁重的课程和紧张的课外训练之余，图哈切夫斯基并没有放弃利用闲暇读书的机会。他利用一切时机收集军事方面的书籍，先后共读了50多本书。每读一本书，他都潜心研究其中的道理，有不懂的，及时向别人请教。另外，他还能熟读法文、德文版的著作，还读了拉丁文版的恺撒的《高卢战记》。他的这种爱读书的作风也影响了身边的人，他经常和他们探讨书中的道理，给他们讲解其中的奥秘。通过系统地学习军事理论知识，涉猎战争史和战争理论著作，他眼界大开。不仅在战术问题上有了自己独到的见解，而且对战略问题也略知一二。再加上他参加各种野外训练使得他能在日后的战争中指挥千军万马驰骋疆场，屡建奇功。这和他勤勉的学习态度、顽强的进取精神是分不开的。也可以说，他的成功是少年时代的勤奋加汗水换来的。

在亚历山大军校学习期间，图哈切夫斯基的成绩也一直名列第一，因此被授予近卫军少尉军衔，近卫军陆军各团都向他敞开了大门。这里要提一下，图哈切夫斯基的曾祖父曾经在谢苗诺夫团供过职，这个团是彼得一世执政前创建的两个少年兵团之一，而且苏沃洛夫当年参军时也是在这个团。图哈切夫斯基根据家族传统，选择谢苗诺夫团。1914 年 7 月 12 日他正式告别了校园生活，离开莫斯科前往驻扎在彼得堡的谢苗诺夫团报到。

五次逃跑

资本主义列强在争夺霸权、瓜分世界的斗争中，为了削弱对手，不可避免地要寻找同盟者。1882 年，德、奥、意三国由于某种利益关系，达成协议，成立三国同盟。1907 年，英、法、俄三国最终成立了“协约国集团”。这样，两个军事集团终于在 1907 年最后形成了。1914 年，欧洲的两大军事集团——同盟国集团和协约国集团的矛盾日趋激化，而由德、奥、意三国组成的同盟国集团更加急于挑起战争。

1914 年 6 月 28 日，奥匈帝国在波斯尼亚的首府萨拉热窝，组织了以塞尔维亚为假想敌人的军事演习，狂热的军国主义分子、皇储、军人党首领弗兰茨·斐迪南亲自到萨拉热窝，检阅 15、16 兵团，并指挥演习。奥匈帝国的蓄意挑衅激起塞尔维亚爱国者的极大愤怒。“黑手党”立即拟订袭击斐迪南的计划，6 月 28 日，在萨拉热窝主要街道多处设下埋伏。上午 10 时左右，斐迪南夫妇在城郊检阅完军事演习后，乘坐敞篷汽车，进入萨拉热窝城内，埋伏在闹市区的黑手党员向他投出了一枚炸弹，炸中汽车后部。斐迪南被弹片擦伤脸皮，他还故作镇静，在市政府略事休息，又继续乘车招摇过市。当车队从市政厅驶往陆军医院时，终于在街口拐角处，被 17 岁的爱国者普林西比射出的一颗“仇恨的子弹”击中脑袋，立时毙命。他的妻子腹部也挨了一枪，倒在血泊中。

帝国主义立即用萨拉热窝事件作为发动战争的借口。德国皇帝威廉二世叫嚷：“这是千载难逢的机会!”敦促奥匈帝国对塞尔维亚发动战争“不必踟蹰”，千万不要“放过这次如此有利的机会”。奥匈帝国首先发难，对塞尔维亚宣战。协约国集团首先是俄国支持塞尔维亚。沙皇尼古拉二世宣布全国总动员。这样，以德奥为一方，以俄、法、英为一方的世界大战开始了。1914 年 8 月 6 日，第一次世界大战全面爆发。战争从 1914 年 7 月起，到 1918 年 11 月止，进行了 4 年又 3 个多月，战火从欧洲蔓延到亚洲、非洲和美洲，有 30 多个国家卷入战争，15 亿人口受到战争的祸害，战火迅速在欧洲大地蔓延。

图哈切夫斯基刚从军校毕业，就赶上了这场战争。他恋恋不舍地离开母亲，踏上了开往彼得堡的火车。等他乘火车到达彼得堡时，谢苗诺夫团已向前线进发。他昼夜兼程，赶上了正在行进中的部队。他所在的团同第 1 军的其他部队被派去增援伊万诺夫城下的第 4 军。这是一场险恶的战争。

在战争中，图哈切夫斯基身先士卒，作战异常勇敢，总是喊着口号冲锋在前，深得士兵的尊敬和爱戴，再加上平时图哈切夫斯基平易近人，时常帮助战士们解决困难，战士们也都跟着图哈切夫斯基勇往直前。1914 年 9—10 月，谢苗诺夫团占领了距克拉科夫不远的维斯拉河右岸的阵地，而德国人的阵地则在左岸较高的地方，很难发现敌人的火力和人员配备情况，这下图哈切夫斯基有点儿着急了。怎么办呢？不了解敌方的火力，就难以制定进攻战略。图哈切夫斯基所在连位于全团的前面，维斯拉河中间有一个不大的沙岛。图哈切夫斯基认真思考着，脑子里忽然闪出一个念头，何不爬上这个沙岛去观察一下德军是怎样设防的呢？拿定主意后，他设法弄到一条小船。一天晚上，他用力把小船推离岸边，然后自己躺在船底，傍晚时分来到岛上。他在岛上待了整整一夜，摸清了敌方情况，拂晓前顺利回到部队，搞到了团里急需的宝贵资料。

在克尔热索茨附近的战斗中，图哈切夫斯基同指挥 6 连的维谢拉戈中尉一起，率领士兵顶着敌人密集的炮火冲锋。奥地利人跑过桑河并点火烧了木桥，图哈切夫斯基穿过燃烧的木桥冲向对岸，士兵们也勇往直前，他们奋力拼杀，杀得奥地利人狼狈不堪，还夺得了奥地利人的战利品，图哈切夫斯基和维谢拉戈中尉带领士兵回到俄军阵地。当时谁都认为他们不会活着回来了，有的士兵还为他们默默地哀悼。

亲人们从《俄罗斯言论报》上得到了他的消息："图哈切夫斯基中尉和维谢拉戈中尉炸毁了敌人后方的桥梁，两位英雄的命运尚无音讯。"隔了一段时间又报道说，图哈切夫斯基"失踪了"，亲人们都陷入悲痛之中。后来又突然得到消息说，图哈切夫斯基平安回到俄军阵地。全家人欢呼雀跃，亲人们奔走相告：咱们的图哈切夫斯基还活着，咱们的图哈切夫斯基还活着。母亲彼得罗芙娜高兴得流出了眼泪。

图哈切夫斯基曾参加不少次战役，尤其是在被俘前的半年多时间里，他先后参加的主要战役有：卢布林战役、加里西亚战役、伊万诺夫战役、克拉科夫战役、罗兹战役。在战役中，他总是冲锋在前，奋勇杀敌，多次受到上级领导的表彰。他也因作战勇敢，获得了6枚勋章，从安娜4级勋章到弗拉基米尔4级勋章。然而对图哈切夫斯基来说，各种荣誉并不算什么，不能骄傲自满，更重要的是，他在战役中，通过实地作战，学到了很多宝贵的指挥经验。这对他来说是最最重要的了。

图哈切夫斯基在一战中参加的最后一次战役是东普鲁士冬季战役。1915 年初，德国鉴于“施里芬计划”破产，西线陷于阵地战的相持状态，一时难于突破，而东方的沙俄战线辽阔，兵力虚弱，于是决定将作战重心移向东线，先集中兵力打垮俄国，以摆脱两线作战的困境，然后回过头来再对付英法。于是调兵增援东线，使东线德军达到 65 个师，加上奥匈军队已达 100 多个师。2 月，德军向俄军发动猛攻，俄军大败。这个时候，俄军军需品严重不足，步枪、机枪、火炮、子弹、炮弹极其缺乏，再加上军官们指挥上失误、军事思想的错误、通讯手段等原因，俄军的败局已定。早在 1915 年 1 月底，德军便开始在东线调兵遣将，到了 9 月，德国东线兵力达 65 个师，连同奥匈军队达 107 个师，占德奥集团兵力的一半以上。在这次战斗中，德军火炮比俄军占明显优势。1915 年 2 月 19 日，德军在大口径炮火支援下在洛扎施地区转入反攻，谢苗诺夫团广大将士奋勇阻击敌军，但是由于俄军火力异常强大，阵地还是被突破了，图哈切夫斯基所在的 7 连也被分割包围，大部分军官阵亡。在连指挥官遇难后，图哈切夫斯基承担起他的重担，指挥官兵们突围。但是由于力量对比悬殊，图哈切夫斯基和几名俄军幸存者最后成了德军俘虏。在相当长的一段时间，都没有图哈切夫斯基的消息，很多人都认为他已战死沙场。团长还命令把图哈切夫斯基与其他阵亡军官的名字登了报纸。图哈切夫斯基一家又陷入了悲痛之中，认为这次他是必死无疑了。他们在家里为图哈切夫斯基祭奠亡灵。然而出人意料的是，又过了些天，他们竟然接到了图哈切夫斯基从俘虏营寄出的一封信，到这时才知道，图哈切夫斯基居然还活在世上。家里人又从痛苦中解脱出来。

图哈切夫斯基和几名幸存者成为德军俘虏后，被关押在一起。他们时时都在寻找逃跑的打算，只是被看管得特别严密。但是，图哈切夫斯基并没有放弃逃跑的打算，他在等待时机。图哈切夫斯基共有 5 次逃跑经历，可前几次都失败了，只有第 5 次才获得成功。第 1 次是在被押往俘虏营的路上。图哈切夫斯基想借德军放松警惕性的时候悄悄溜掉，但刚逃了不远，即被德军发现，被他们轻松地抓了回来。第 2 次逃跑也未成功。这次逃跑失败了以后，他被送往巴特一什图耶尔战俘营。这个战俘营是专门为不驯服的被俘军官设立的。设在德国中部的一处森林中，四周高墙林立，墙上还设有铁丝网。俘虏营关押着100多名战俘。其中俄军和法军战俘各半。俘虏营房里黑洞洞的，空气污浊，军官们唉声叹气，何时才能逃离这个黑窟窿？德军哨兵昼夜站岗、巡逻。稍有点动静，他们就机警地竖起耳朵，而且还时常有几只凶猛的狼狗在注视着一切。即使这样，图哈切夫斯基并没有灰心，仍在留意这里的一切，寻找出逃的机会。机会终于来了。他发现每个月俘虏营都要往外面运一次脏衣服，在外面洗好后再运回来。这些衣服装在大木桶里，由一名德国兵护送。图哈切夫斯基动脑筋想了想，别的没有什么好办法了，何不利用一下这个大木桶？如果能逃出去就算幸运。图哈切夫斯基下定决心以后去找他的同伴菲利波夫商量，商量的结果是他俩一起逃走。他们先计算好时间，在拉衣服的车走之前，他俩趁德国兵不注意悄悄地钻进大木桶。就这样，大车载着装着衣服和图哈切夫斯基及菲利波夫的大木桶出了俘虏营。当大车离开俘虏营很长一段距离，并且到了森林深处时，他们从大木桶里爬出来，出其不意、迅速地缴了德国兵的枪。德国兵被这突如其来的举动吓呆了，等他反应过来，发出警报，图哈切夫斯基和菲利波夫已不见踪影。在他俩逃走之前，他们在房子里洒满了马合烟，这样德军警犬也帮不了德军的忙。他们在森林里搜索，结果还是败兴而归，但在图哈切夫斯基和菲利波夫利用大木桶逃走后，德军又增加了 4 个人运送衣服。余下的战俘很难再利用大木桶了，只好另想他法。当时出逃的图哈切夫斯基和菲利波夫拼命地跑，顾不上肚子叫，也顾不得脚痛，只是一个劲地跑，等感觉到有些安全了，才放松些脚步，弄了点儿吃的。然后继续逃跑。这样东奔西跑 30 来天，终于来到了荷德边境。荷兰在一战期间不参加任何一方的战斗，是中立国家。在德荷边界，他们俩商量了一会儿。为了减少目标，决定分开行动，如果一个被发现了，另一个或许还能侥幸逃脱。当然最好还是两个人都逃到安全的地方。主意一定，他俩迅速行动。菲利波夫运气比较好，没有被发现，他成功地到达中立国家荷兰。而图哈切夫斯基呢，就不那么幸运了，他刚跑了不远，不小心被什么东西绊了一下，响声惊动了德军，德军没费太大的工夫就把他抓了回来。这一次图哈切夫斯基被送到英戈尔城堡。这个城堡被认为是专门关押“无法挽救的军官”的。这座城堡位于上巴伐利亚，修建于 1827

年。一战时，变成了关押被俘的协约国军官的俘虏营。这座城堡警备森严。尤其是第9堡垒，关押的都是被俘虏营的长官认定的最危险分子。这座城堡是一座长形的石头建筑，它一半露在地面，另一半则在地下，即使是白天，牢房里也是幽深昏暗的。堡垒周围有数道铁丝网，而且为了防止犯人出逃，铁丝网外围还有一条深水沟。在这种地方，想要逃跑，可不是容易的事。

图哈切夫斯基刚被押到这个城堡不久，就被长官认定是最危险的分子，于是图哈切夫斯基被押在第9号囚室。正是在这第9号囚室里，图哈切夫斯基结识了未来的法国总统戴高乐。当时的戴高乐还是个不出名的法国低级军官，直到过了几十年以后人们才知道，原来这个法国人就是著名的戴高乐总统。法国人表情严肃，身材高大魁梧，吸引了图哈切夫斯基；而图哈切夫斯基丰富的表情，炯炯有神的、淡蓝色的大眼睛，也吸引了这个法国人。他们两人都受过良好的教育，都喜欢看书，在一起就有说不完的话，尤其是谈到战争这个问题，两人更是滔滔不绝、各抒己见。他们谈论某次战役的胜败得失，谈论某次战役的战略战术，还探讨在一战中刚刚出现的坦克及其作用。尽管俘虏营中条件极其恶劣，还进行体罚式操练，他们俩却由于兴趣、爱好相投，互相鼓励，从某种程度上起到了精神上的解脱作用。他俩还由于独立的人格、勇敢和不屈不挠的精神赢得了其他战俘的尊重。图哈切夫斯基和法国人一起商量逃跑的办法，但是两人一起逃跑不太容易，戴高乐决定先采取行动，而图哈切夫斯基决定全力帮助他逃离此地。商量好对策后，他们等待着时机。

在德国巴伐利亚的俘虏营里，每天都实行严格的点名制度。这一天早晨，当德国兵念到戴高乐的名字时，一位身着法国军服、肩披军大衣的年轻军官马上回答，如果点名人听觉较好，又比较细心的话，就很容易发现这并不是戴高乐本人，而是图哈切夫斯基的声音。等到德国人发现戴高乐已不在营房里时，为时已晚，戴高乐已顺利地逃出俘虏营，几经周折，回到了法国，而图哈切夫斯基也并未因此而遇到麻烦。德国人发现有人替代戴高乐应答后，极力想找出这个人，但因战俘们都闭口不答，德军也毫无办法，最后只得不了了之。可以想象，这次行动图哈切夫斯基承担着很大风险。他已逃跑过 3 次（均未成功），早已被长官认为是“刺头”。这次行动的后果是可想而知了。戴高乐在其著的《图哈切夫斯基的事业）（巴黎，1962年）一书中，以无比感激、无比崇敬的心情回忆起在德国俘虏营的往事，与图哈切夫斯基在一起的难忘日子，高度赞扬了图哈切夫斯基的高尚品格和大无畏精神。

戴高乐逃跑以后，德军的防范措施再次升级。但是，这也不能使图哈切夫斯基放弃逃跑的打算。这次他们准备集体行动。深夜，他们撬开地板，在墙下挖地道，白天一点点儿地把土运出去，但是这样没过几天，地道还没挖成，就被看守发现了，逃跑计划落空。在这次逃跑被抓住后，他冒充士兵，被关进了士兵俘虏营，这里看管要比第9号堡垒松多了，尽管士兵们知道他是位军官，但大家都心照不宣，不但没人告发他，反而帮着他逃跑。1917年8月的某一天，图哈切夫斯基和其他战俘利用在俘虏营散步的机会逃了出来，他们机警地骗过警卫队，避开了监视人员的视线，溜出了城。他们白天隐藏起来，夜晚再出来前进，非常谨慎，提心吊胆地向德瑞边境逃去。经过几个月的艰辛的跋涉，终于来到了瑞士边境。图哈切夫斯基真想一步跨过边界，进入瑞士领土。可是有几名德国宪兵正在那里徘徊、巡视。图哈切夫斯基还是没有摆脱德国宪兵的追捕，但身体强健、思维敏捷的他最终把宪兵甩在了后面。第5次逃跑终于成功了，可在这次逃跑中有好几次惊险的情形。有一次他躲在草垛里藏身，德国兵用钢叉在草垛里乱捣，图哈切夫斯基屏住呼吸，一动也不敢动，这几分钟难熬极了，还算走运，德国兵没有发现他。一回想到这个时刻，图哈切夫斯基浑身直打哆嗦。

在瑞士首都伯尔尼，图哈切夫斯基找到了俄国驻瑞士领事馆，取得了返回俄国的必要证件。图哈切夫斯基离开俄国已经很长时间了，他很想念亲人，想念祖国的一草一木。1917 年 10 月 12 日，图哈切夫斯基回到了彼得格勒[①]。其实，图哈切夫斯基这次回国是费了一番周折的。当时德军封锁着从东西两面进入俄国的通道。他只能先到法国，然后再到伦敦，从伦敦进入斯堪的纳维亚半岛，才能来到俄国。等他来到法国巴黎时，已经一贫如洗了。他找到了俄国驻法大使馆，大使阿·阿伊格纳季叶夫伯爵帮助他回到俄国。图哈切夫斯基非常感谢这位大使，大使回国时，图哈切夫斯基亲自去拜谢他。大使也非常欣赏图哈切夫斯基的勇敢顽强和传奇经历，经常鼓励他，帮助他，和图哈切夫斯基成了好朋友。

这里需要介绍一下俄国那几年的社会状况。第一次世界大战爆发时，俄国支持塞尔维亚对奥作战，并于 1914 年

① 彼得格勒：即圣彼得堡。1917—1924 年间彼得堡改称彼得格勒。

7月30日宣布总动员，开动一切宣传机器，鼓动民族主义狂热，效忠沙皇专制制度的俄国地主和资产阶级喜气洋洋，认为俄国的胜利指日可待。从战争爆发的1914年到1916年末两年多的时间，各国人民遭受了深重的灾难，资产阶级的统治遭受了严重危机。大战期间，交战双方为了战胜对方和夺取超额利润，想尽一切办法加强对国民经济的控制。垄断资产阶级大发战争横财，而广大劳动人民却陷入了水深火热之中。粮食生产大量减少。青年男子被送上战场充当炮灰，或被赶入工厂受奴役，各国由于垄断资产阶级军事工业恶性化发展，工业总产量下降。长期战争造成的灾难，使各国人民的革命情绪日益高涨。1917年初，沙皇俄国的革命形势日渐成熟了。近3年的战争，给俄国人民造成深重的灾难，全国1400多万人被征服役，数百万人的生命被战争夺走。战争使国民经济遭到破坏，原料、燃料缺乏，许多工厂倒闭，大批工人失业，农业因缺少劳力，播种面积缩小，田园荒芜，粮食奇缺。而资产阶级、地主却在战争中大发横财，高级将领通敌卖国。这一切，引起人民和士兵对沙皇统治的强烈不满，罢工和反抗的斗争不断出现，同时布尔什维克党在人民和士兵中进行广泛宣传。列宁写了《论欧洲联邦口号》（1915年）、

《帝国主义是资本主义的最高阶段》（1916 年）等著作批判沙文主义，提出“变帝国主义战争为国内战争”的口号，在无产阶级和前线士兵当中产生了影响。

在革命情绪高涨的同时，沙皇专制统治中的上层统治阶层也出现了危机，沙皇尼古拉二世企图与德国单独讲和，主要是为了镇压国内日益高涨的革命运动，巩固其专制统治，而资产阶级则认为沙皇对内镇压革命对自己不利，反对与德讲和。由于英、法政府的支持，资产阶级企图发动宫廷政变，另立沙皇。

1917 年俄国终于爆发了革命。统治俄国 300 多年的罗曼诺夫王朝覆灭，二月资产阶级民主革命取得了胜利。

当布尔什维克领导群众激烈战斗的时候，党的一些主要领袖还在被监禁和被流放。孟什维克、社会革命党趁机夺取了彼得格勒苏维埃的领导权，组成了临时政府。但是这个政府不愿结束战争、满足农民的土地要求，农民依旧处于水深火热之中，它执行的是资产阶级意志，为资产阶级的利益服务，不敢触动沙皇专制统治的基础，继续参加一战。这样在俄国形成了以士兵为代表的苏维埃政府和资产阶级与地主组成的临时政府并存的局面。资产阶级临时政府对外向协约国投降，对内镇压人民。

并没有给人民带来和平、土地和面包。1917 年 10 月 10 日，布尔什维克党中央委员会通过武装起义的决议，彼得格勒成了激烈争夺的战场，工人、革命士兵和水兵在准备武装起义。

图哈切夫斯基回到俄国后，对眼前的形势感到十分新鲜，而又不太了解。他先从彼得格勒回到了家里。但是到家后，一种悲痛、凄凉的感觉油然而生，父亲的遗像高高地挂在墙上。图哈切夫斯基怎能忘记父亲生前对他的谆谆教导和深切的关怀，泪水不自觉地模糊了他的双眼：爸爸，您回来呀，再看儿子一眼吧！父亲是 1914 年他去前线以后死去的。父亲的离去给家里人带来了悲哀，全家几乎失去了往日的欢笑。接着，不幸的事又发生了，姐姐娜嘉又很不情愿地离开了人间。在图哈切夫斯基被俘期间，小弟弟也死了。家里的经济状况可想而知，已经很难维持生计，只好从莫斯科迁到奔萨附近的弗拉日科耶村。亲人的相继离去使得母亲的头上过早地爬满了银丝，枯燥干瘪的双手失去了往昔的柔嫩光泽。图哈切夫斯基看在眼里，疼在心里，尽量安慰母亲受伤的心灵。然而外面的世界吸引着图哈切夫斯基，他在家里只待了几天，便告别母亲，前往谢苗诺夫兵团。

政治立场

图哈切夫斯基出生于俄国的一个贵族家庭，按理说身为近卫军军官的他应该极力维护沙皇专制制度，巩固其贵族的地位。20 世纪初发生在俄国的革命推翻了沙皇专制制度，当时一些人并不急于回国，而是在国外观望，然而图哈切夫斯基却急于回国，其目的是什么呢？

图哈切夫斯基的阶级立场之所以发生变化，这和他的家庭的熏陶、个人成长经历以及他的被俘和布尔什维克党对他的影响是分不开的。

前面已经说过图哈切夫斯基的父亲尼古拉耶维奇是个自由派，并不是思想保守、循规蹈矩的贵族，他并没有把贵族体面的身份作为资本，而是以他自己的方式生活。他还冲破世俗的观念，执意娶善良、勤劳的农民的女儿彼得罗芙娜为妻；他不信奉神灵，不信仰上帝，他的所作所为与因循守旧的贵族格格不入，这些贵族就远离他、歧视他，把他视为阶级异己分子，而尼古拉耶维奇并不把他们看在眼里，继续以他自己的方式生活着。尼古拉耶维奇娶普通农民的女儿为妻，这就使他不能进入仕途和上层社会，高官厚禄与他无缘，他与统治阶级的思想更加格格不入，与贵族的等级联系也只是形式而已。

母亲彼得罗芙娜淳朴、善良，与农民友好相处，经常与农民谈话、聊天，帮助他们解决实际困难。在这样和谐的氛围中，图哈切夫斯基养成了勤劳、朴实的好习惯。他经常与农民一起到农田里施肥、播种，与农民一起到田间锄草、犁地，帮助他们喂牲口，帮助他们收割庄稼。在父母的影响下，图哈切夫斯基自幼就对沙皇专制制度没有多少好感，渐渐地不自觉地萌发出反抗意识，用批判的眼光看待社会。日俄战争中俄国的失败以及俄国革命的爆发，使得整个社会动荡不安。图哈切夫斯基对沙皇俄国的幻想破灭，对沙皇专制制度大失所望。尤其在一战中，沙皇军队腐败无能，最高统帅指挥错误，各个集团军之间也钩心斗角，不为整体利益着想，只想到眼前，军工厂的武器准备供应不能满足需要，各种因素综合起来使得俄军多次打败仗，士兵伤亡惨重，士兵们的不满情绪爆发出来，而且有增无减。有的士兵甚至想逃离军队。这些，使得图哈切夫斯基更加痛恨沙皇专制统治。

在图哈切夫斯基的人生旅途中，曾有两年半是在被俘中度过的。虽然生活条件很不好，吃的是粗茶淡饭，睡的是硬邦邦的木板，昏暗的房间使得图哈切夫斯基度日如年。但在这两年半的时间里，图哈切夫斯基有时间思考战争的性质、俄国的命运以及个人的前途。俘虏营中生活非常艰苦，他们吃不饱肚子，一天只能吃到一小片面包，肚子整天咕咕叫。法国和比利时的战俘日子还好过些，他们通过国际红十字会得到大量食品包裹，可是俄国战俘就不那么运气了。他们已被俄国政府忘记了，得不到任何接济。图哈切夫斯基和其他俄国战俘们眼睁睁地期盼着俄政府的接济，然而得到的只是失望。时间一天一天地过去了，他们有的面黄饥瘦，有的染上重病，有的视力急剧下降。这些并没有使他们灰心丧气。使他们苦恼的是，俄国政府对他们不理不睬，不仅不给予他们食物上的援助，就连国内的任何消息都纹丝不透。战俘们渴望政府给他们以关注，不仅是食品上的支援，还需要了解前线的情况：战争还能持续多久呢？我们的命运会怎么样呢？正当他们绝望的时候，布尔什维克党向他们伸出了热情的手，给他们提供一些食物，虽然数量不多，但毕竟缓解了一些。1915年在列宁的倡议下，在伯尔尼设立了营救战俘委员会。后来克鲁普斯卡娅回忆道："尽管物质帮助微不足道，但我们做到了所能做到的一切，给他们写信和寄书……”这犹如雪中送炭，给战俘们昏暗的心灵带来了一丝光亮与安慰。

布尔什维克党的刊物并不允许公开发行，受到俄国政府的排挤与阻挠，但是反对沙皇专制制度的人民渴望自由、渴望民主，于是他们秘密地进行活动，出版了一系列书刊。一些被秘密出版的布尔什维克书籍送进了俘虏营，这就像久旱的禾苗初遇春雨一样，图哈切夫斯基和同伴们如饥似渴地读着、看着，从中了解了目前的战争真相，它完全是一场帝国主义发动的大规模的掠夺性的战争；了解了俄国局势、沙皇政府对外战争、对内反人民的政策、布尔什维克的目的和任务以及为完成它的目的和任务所做的努力。1917 年 2 月革命胜利后，即 1917 年 4 月 3 日，在国外居住 10 年之久的列宁回到彼得格勒。他积极引导人民为建立苏维埃政权而努力。列宁提出“社会主义革命万岁”的口号，又在布尔什维克党干部会议上发表了《论无产阶级在这次革命中的任务》，即著名的《四月提纲》，指出俄国革命阶段已经过去，应当向社会主义过渡，并提出了从民主革命向社会主义革命过渡的路线。号召工人、士兵必须为推翻资产阶级临时政府而斗争。号召战俘们站到彼得格勒工兵代表的苏维埃一边，“作为一支革命的军队、人民的军队而不是沙皇的军队回到俄国来。1905年的时候，从日本归国的战俘就成了优秀的自由战士。”列宁为促使战俘早日觉醒，帮助他们了解正在发生的事变，还编写出了问答式传单，在战俘中广为散发。传单回答了战俘们提出的一系列问题：这次战争的真正起因，战争结束后世界上最好的制度和俄国未来。布尔什维克党的正确主张、列宁的感人至深的号召，使得图哈切夫斯基非常急切地想摆脱沙皇制度，投入到布尔什维克党所描述的那种社会制度中去，渴望投入到这场革命中去。在图哈切夫斯基被俘期间，共试图逃跑5次，第5次逃跑终于获得成功。图哈切夫斯基深深地呼吸着外面的新鲜空气。他太想家了，他太思念他的祖国了，逃出牢笼的他恨不得飞回祖国。

图哈切夫斯基回到彼得格勒附近的谢苗诺夫预备团时，他已精疲力竭。但是他不顾劳累，到士兵当中去，所见使他大为吃惊，士兵们个个垂头丧气，纪律散漫，犹如一盘散沙。“为什么会这样呢？”图哈切夫斯基想。他离开这个团的时候，这是一个多么团结勇敢的团体，士兵们和图哈切夫斯基奋勇杀敌，屡建战功，而现在……图哈切夫斯基经过了解得知，这里官兵对立情绪严重，而且士兵已不向军官敬礼。预备役中军官不多，一些军官已逃到南方投奔卡列金和科尔尼洛夫，另一些军官则藏身彼得格勒，等待时机，准备反扑。

图哈切夫斯基担任长官后，主张严格治军。训练时从不含糊，纪律非常严明。但他从不摆官架子，从不以长官身份教训士兵，而是以朋友的身份说服士兵。他和从前一样平易近人，很快赢得了士兵的好感。士兵把他看成无话不说的“好朋友”、“自己人”，并且拥戴他为连部的指挥官。

1917 年 2 月革命后，俄国是两种政权并存，一种是资产阶级临时政府，另一种是工兵代表苏维埃。由于临时政府执行对外战争、对内镇压人民的政策，广大人民生活依旧无法改善，他们痛恨资产阶级临时政府对他们的欺骗。人们普遍反对继续进行战争，渴望和平的生活，布尔什维克党主张退出战争的主张深得民心。尽管图哈切夫斯基还没有清楚地看清时局，但他已在深深地思索了。

面对伟大的 10 月社会主义革命的爆发，图哈切夫斯基的烦恼是：旧军队怎么办呢？预备役团被尚未成熟的布尔什维克遣散。图哈切夫斯基只好怀着苦闷怅惘的心情回到家里。

母亲彼得罗芙娜这时年岁已高，但身体依然很健康，仍然能和女儿一起种地。儿子的归来使她很高兴，给儿子做些可口的饭菜，听儿子讲一些兵团的趣事。这种家庭的乐趣使得图哈切夫斯基心绪好转了一些，但随着时间的发展他的内心充满着极度的忧虑：对祖国和民族命运的忧虑。

时局发展远远超出图哈切夫斯基的预料。10 月革命的胜利引起资本主义世界一片恐慌，资产阶级视苏维埃政权为洪水猛兽，要扼杀新生的苏维埃政权。沙皇的遗老、遗少、地主、资本家以及反动军官并没有认输，到处网罗力量，企图东山再起。国内外敌人很快串通一气，一时烽烟四起，苏维埃政权面临着危机。

1918 年初，以列宁为首的布尔什维克猛醒过来，仅仅靠 1917 年 10 月武装起义准备时期的赤卫军和由革命士兵和水兵组成的部队，是根本没有能力担负起保卫苏维埃政权的任务的。此时面对的阶级敌人的力量异常强大。于是 1918 年 1 月人民委员会在奔萨颁布了建立工农红军的法令，接着又颁布了建立红海军的法令。

这两个法令一公布，广大的受苦的劳动人民纷纷报名参加，表示愿意为维护苏维埃政权而努力奋斗。这一消息也使得图哈切夫斯基异常兴奋，他多想加入这个维护苏维埃政权的部队呀！他的心早已经倾向于布尔什维克了。只是加入这个部队是有条件限制的。它规定只有“劳动人民中最有觉悟和最守纪律的志愿者”才能参加。图哈切夫斯基出生于贵族之家，不属于劳动人民之列，这一条可把他给难住了，他渴望用他的军事理论功底和战场上的实战经验为红军做贡献。“我该怎么办呢？”图哈切夫斯基想，“我得找尼古拉·尼古拉耶维奇·库利亚布科商量商量，或许他能替我想想办法。”这样决定了之后，他动身前往莫斯科。

库利亚布科是图哈切夫斯基在武备中学时的很要好的朋友。他高高的个子，浓浓的眉毛下嵌着一双有神的眼睛。言谈举止能透出他的稳健、成熟的风度。他在上中学时就秘密为布尔什维克党做事，思想上比较进步和成熟。图哈切夫斯基很愿意和他在一起学习、谈话。图哈切夫斯基在他面前毫不掩饰自己的主张、见解。图哈切夫斯基对沙皇的明显的敌视态度，使库利亚布科暗自赞叹。他们在一起谈论沙皇统治的种种弊端。图哈切夫斯基的言谈举止表明他是个有独立见解的人。他从不掩饰自己对沙皇制度的讽刺与抨击，渐渐地他俩成为好朋友。由于一战两人中断了联系。现在图哈切夫斯基正好可以找他来商量一下，或许能有所帮助。图哈切夫斯基敲响了库利亚布科的家门，出来迎接的是他的妈妈。他的爸爸、妈妈热情地接待了他。一阵寒暄之后，图哈切夫斯基问："库利亚布科在哪儿呢？我怎么没看见他。"他们告诉他，库利亚布科已不在莫斯科，他是全俄中央执行委员会成员，该中央执行委员会设在彼得格勒，图哈切夫斯基感到有些失望。还好，两位老人家也对沙皇专制痛恨至极，在 1905 年以前，就积极投身于反对沙皇制度的斗争。图哈切夫斯基这下子可找到了知音，向他们倾吐自己内心的想法和想参加红军的愿望，两位老人极力支持他，告诉他应该去到报名处讲明原因，讲明自己迫切希望加入红军为红军效力的心情。

图哈切夫斯基离开莫斯科后径直前往奔萨市。能否参加红军，还是个未知数，这要看命运与机遇了。他决定试一试。

出师不利，负责报名工作的人员知识政策水平有限，他们只知道照搬本本，处理问题非常教条。图哈切夫斯基出身贵族，而且又担任过军官，这在他们看来，是无论如何也通不过的。图哈切夫斯基的每一个要求都遭到他们的怀疑。他们上下打量他，就好像他来自另外一个世界似的。图哈切夫斯基碰了钉子，他有些失望了，但为红军效力的愿望又促使他继续努力。过了不久，他遇到了阿·斯·叶努基泽，他是一位老布尔什维克，有着很丰富的政治经验和洞察力。他知人善任，通情达理，一双眼睛闪烁着智慧的光芒。他一遇见图哈切夫斯基就被他稳健的步伐、得体的谈话所打动。尤其是当图哈切夫斯基陈述渴望参加红军的心情时，更增加了对他的好感。图哈切夫斯基扎实的军事知识、丰富的战斗经验使得叶努基泽决定吸收他参加中央执委会军事部的工作。图哈切夫斯基听到这一决定，高兴得一夜未合眼，他先给母亲和妹妹写了一封信，告诉她们这一消息，让他们与他共同分享这一快乐，然后又给库利亚布科的父母写了封信告诉他们这件事。两位老人随即写了封回信，祝贺他能参加红军的工作，并告诫他要为红军多作贡献，不辜负叶努基泽的信任。高兴之余，图哈切夫斯基也深知这项工作责任重大，他以满腔热情投入到工作中去。他到过唐波夫、梁赞等地，检查和帮助地方组织红军。由于他的和蔼可亲、军人风范以及坚实的军事知识使得当地的人们非常爱戴和尊敬他。地方红军的组织在他的建议下也组建得井然有序。叶努基泽对图哈切夫斯基的工作感到非常满意。他告诫下属要学习图哈切夫斯基的工作态度和敬业精神，并暗自庆幸红军能找到这样一位军人。

1918 年 3 月 11 日，也就是在图哈切夫斯基在全俄中央执委会军事部工作不久，苏维埃共和国政府机关从彼得格勒迁到莫斯科，图哈切夫斯基的好朋友库利亚布科也回到了莫斯科。库利亚布科先是回到家里，看望久别的父母，然后就寻找日夜思念的图哈切夫斯基。好朋友一见自是激动万分，畅谈一番。

1918 年 4 月 5 日，对图哈切夫斯基来说是个难忘的日子。正是在这一天，莫斯科哈莫尼区党委会吸收他入了党，这一天是他人生的重大界标，至此他已成为一个光荣的共产党员了。图哈切夫斯基的入党是由库利亚布科帮助和推荐的。记得有一次他们在讨论俄国命运时，库利亚布科把话题转到图哈切夫斯基的入党问题上来。当听到库利亚布科有意引导他入党的话时，图哈切夫斯基甚至有些不相信自己的耳朵了。他何尝不想加入苏维埃工作，何尝不想早日加入布尔什维克党呢？只是由于他的家庭出身，不好意思说出口而已。没过几天，他就向库利亚布科表示，他愿意为共产主义而奋斗，愿意成为一个坚定的共产主义者。自从成为一名党员，图哈切夫斯基更加严格要求自己，自觉地把个人命运与党的命运联系在一起，忠心耿耿地为党工作。

由于图哈切夫斯基以全身心的热情投入到工作中来，也由于他在军事部的突出表现，1918 年 5 月 27 日就被任命为西部防区莫斯科地区军事委员。这一新的任命反映出图哈切夫斯基的才能与业绩，也反映出布尔什维克党已经非常信任这位年轻的共产党员了。这也使得布尔什维克党人对旧军事家的看法有了些改善。图哈切夫斯基担任莫斯科地区军事委员不久又有了新的任命。刚到岗位时，他面前的问题已经很多，但他并没有陷入细枝末节之中，而是依靠良好的军事素养，在复杂的问题中理出头绪，把这些问题进行归类编号，一一地加以解决，其中最重要的还是军事装备和武器供应问题，图哈切夫斯基解决这两个问题时明显见了成效。他屡屡受到奖励。图哈切夫斯基并没有骄傲，而是继续全心全意地为布尔什维克党工作着、服务着。

1918 年 1 月，罗马尼亚军队在法国支持下，占领了比萨拉比亚。3 月 9 日，第一批英国军队在摩尔曼斯克登陆，扶持白匪，推翻了当地的苏维埃政权，成立了自卫的“北俄政府”。4 月，日本强盗占领了海参崴、滨海省和北库页岛。在外国帝国主义者的扶持下，北高加索的哥萨克上层分子发动了反苏维埃政权的叛乱。在伏尔加河中游和西伯利亚，帝国主义者组织由从前奥军的被俘人员组成的捷克斯洛伐克军在 5 月末发动叛乱。8 月，美国军队入侵西伯利亚。在顿河一带，克拉斯诺夫将军和马蒙托夫将军在德帝国主义的秘密援助下，发动顿河哥萨克的叛乱，占领顿河区，并开始向苏维埃政权大举进攻。8 月，英军从伊朗窜入巴库并侵占了里海以东地区。俄国国内形势恶化起来。5 月 25 日，捷克斯洛伐克兵团在伏尔加河流域和乌拉尔地区发动的反革命叛乱，更加剧了紧张的局势。

俄国十月社会主义革命胜利后，列宁主张苏维埃俄国和德国签订和约，并宣布退出战争。苏维埃政权允许曾与俄军一起与德奥军交战的捷克人和斯洛伐克人取道西伯利亚和远东回国，但是他们必须向苏维埃政权交出武器。可是，捷克兵团在英国、法国馈赠和反苏维埃的诱惑下，不但拒绝交出武器反而占领了西伯利亚铁路沿线的大城市萨马拉、辛比尔斯克、塞兹兰、喀山，支持白军、社会革命党人和孟什维克推翻了这里的苏维埃政权。与此同时，国际帝国主义害怕苏维埃的壮大，对俄国发动了公开的武装干涉。新生苏维埃俄国处于非常危险的境地。

捷克兵团的叛乱是苏维埃政权的大敌，布尔什维克党召开会议，决定在伏尔加河流域和乌拉尔建立新的东方战线。列宁亲自指派最杰出的党的活动家，最有才华、最可靠的军事专家前往东方战线，这其中当然有图哈切夫斯基了。图哈切夫斯基接到新的任命后，立即从莫斯科动身开往前线。在去前线的途中，他用一天时间看望家人。已经有好长时间没和家人见面了，图哈切夫斯基的鼻子有些酸楚，但还是忍住了眼泪。短短的话别之后，他告别了家人，踏上了新的征程。

治理红军

由于国内外敌人的共同破坏，苏维埃国家陷入了混乱和不安之中。在这样的情况下，交通运输条件也开始恶化了。东去的旅途非常困难，火车站台上挤满了形形色色的人，有从前线归来的士兵，也有东去的政工人员，还有农民和投机商。火车站的秩序让人感到头痛，每当一辆火车刚刚开过来，乱哄哄的人群一拥而上，越挤越上不去，越上不去越挤，这样恶性循环，本来不需要多长时间的事得半个小时才能上完。争吵、谩骂声不断，车厢里、过道上也站满了人，车上有许多到东部去保卫革命的人，人们默默地为他们让出位子。图哈切夫斯基也站在过道里。一位40岁左右的人给他让了位子。图哈切夫斯基谦让了一会儿，被推到座位上。图哈切夫斯基很厌烦这种沉闷的旅行。还好，对面座位上也有一位军官，年龄和他相仿，图哈切夫斯基开始和他攀谈起来。原来他也在武备中学读过书，是图哈切夫斯基的校友。于是他们俩找到了共同的话题。时间好打发了一些。当巡逻人员来检查图哈切夫斯基的证件时，他不声不响地拿出1918年6月份签发的命令：

“兹介绍莫斯科地区军事委员图哈切夫斯去东方战线总司令穆拉维约夫处从事组建和指挥红军高级兵团的特殊使命。”

除了这份命令外，莫斯科军区司令部给穆拉维约夫的一封信里还指出，全俄中央执委会认为，图哈切夫斯基是为数不多的共产党员军事专家，应当委以前线最重要、最负责的职务。有了这些证件使得图哈切夫斯基顺利乘上了火车。他一共坐了7天多的火车。在这段时间里，他有很多的时间考虑东方战线即将面临的问题，认真思考怎样才能把党交给他的工作做好。他意识到苏维埃最重要的任务是建立大规模的正规军。他的看法与布尔什维克党的主张不谋而合。从1918年春天起，布尔什维克党就开始采取一系列重大步骤。1918年3月4日成立了最高革命军事委员会，以便于加强军队和指挥军队，又于5月29日作出决议，实行义务兵役制。1918年7月10日，全俄第5次苏维埃代表大会通过了建设红军的决议，全民接受军事教育的决议，还规定了必须履行义务兵役制，提出了广泛地吸收旧军事专家参加红军的问题。

布尔什维克党为什么这样迫切地需要吸收旧军事专家

呢？这和当时的主要任务有关。苏维埃无产阶级政权国家不仅需要大规模的军队，而且这支军队必须是训练有素、纪律严明和有战斗力的军队，否则怎样去对付国内外敌人的大规模的进攻呢？布尔什维克党内军事专家远远不够，十月革命前只有从准尉到大尉的军官不足 100 名，而且这些人军事知识有限。十月革命胜利之初，谁也不清楚执政党该怎样去建设新军队，来完成抵御国内外大敌的重要使命。然而战争的严峻形势使布尔什维克党的部分领导人已经清醒地认识到，不使用旧军事专家无法在短期内组成能抵御国内外敌人的数百万大军。

列宁坚持吸收旧军事专家参加红军建设的主张，在党内阻力很大。1918 年秋天，他就遇到了来自斯大林、伏罗希洛夫和米宁的非难，他们都是刚刚组建的南方战线革命军事委员会成员，他们联合要求解除南方战线司令员色京的职务，仅仅因为他是旧军队的将军。列宁对此非常生气，坚持由色京、梅霍诺申和列格兰组成南方战线革命军事委员会，将斯大林调离开。

对于旧军事专家们的不信任，后来也不断地反映出来，如有些不信任旧军事专家的人居然组成了公开的“军事反对派”，他们言及旧军事专家的思想弊端，如让他们指挥军队，有朝一日会联合反叛，就是不反叛也会把军队搞得一塌糊涂，失去战斗力，导致党的失败。党的第8次代表大会谴责了“军事反对派”，列宁指出“军事反对派”提倡的集体指挥，是向游击习气的倒退。他强调指出：“现在，首要的是应当有一支正规化的军队，必须建成一支有军事专家的正规化的军队。”

吸收旧军事专家参加红军的决议受到了旧军官的衷心拥护，国内战争期间有近8000名旧军官志愿加入红军，还有约5万名旧军官经过动员后也加入了红军，上面提到的这些人中有近500人曾是总参谋部军官。有很多旧军官有着高度的爱国主义热情，忠诚地捍卫苏维埃政权，甚至宁死不渝。举个例子，落入白军手中的原来沙皇军队将军阿·普·尼古拉耶夫、阿·夫·斯坦凯维奇，由于拒绝为白军效力，均被处死。如果说，苏维埃共和国军队中有20万名指挥官，旧军事专家就占了1/4以上，其中有担任总司令的伊·伊·瓦采季斯和斯·斯·加缅涅夫，指挥方面军和集团军的阿·伊·叶戈罗夫、图哈切夫斯基、伊·普·乌鲍列维奇、伊·夫·费季科、尔·普·艾德曼等人。

在国内外敌人的共同武装干涉下，党内必须团结一致，共同对付致苏维埃于死地的敌人，才可能击败敌人，维护新生的苏维埃政权。然而党内围绕吸收旧军事专家，围绕如何建设正规军问题出现了分歧，这毫无疑问增加了红军建设的困难。图哈切夫斯基正是受命于这种危难之际，可以想象，他面临着很大的困难。

可以说，图哈切夫斯基前期的工作是非常成功的，也取得了广泛的支持和信任。然而随着时间的推移，人们又把挑剔的目光移向这位旧军事家身上。图哈切夫斯基视而不见，继续以他的工作热情为布尔什维克效力。喀山的东方战线革命军事委员会委员普·阿·科巴捷夫、格·伊·布拉贡拉沃夫对图哈切夫斯基非常满意。图哈切夫斯基刚到喀山即被任命去指挥第一集团军。图哈切夫斯基接受了这一任命，他非常感谢组织对他的信任，他要用实际行动来回答。接受任命的他立刻从喀山动身去第一集团军司令部所在地因萨车站。刚刚经过旅途劳累的他一到达因萨车站，就开始了解第一集团军的情况。他了解到：第一集团军是6月下旬刚刚由辛比尔斯克、塞兹兰和萨马拉的红色近卫军、工人队伍和战斗队所组建起来的。这样的队伍有80个左右，每支有20～250人不等，分散在从库兹涅茨克到布古利姆几百公里长的战线上。这些人都是刚刚穿上军装的，他们之中的工人、农民没有受过任何军事训练。训练有素的军官更少，军队所需武器、装备也无保证，军队没有任何运输工具，离开了铁路就寸步难行，部队的机动能力大打折扣，官兵纪律观念淡薄。尤为严重的是，军队还没进行过战斗集结，谁都不知道军队到底有多少兵，该集团军司令部只有5名成员，忙得焦头烂额，没有能力胜任指挥全军的工作。后来有一次图哈切夫斯基谈到对这支部队的最初印象时，说："根本谈不上有严格纪律，还有一些部队（特别是某些装甲列车和装甲分队）使我们指挥员非常头疼，他们见了敌人也未必会这样发怵……"

图哈切夫斯基主动找队员谈心。刚开始队员一见到图哈切夫斯基就不会说话了，吞吞吐吐、颠三倒四。图哈切夫斯基让他们回答提出的问题，他们紧张得文不对题，弄得图哈切夫斯基哭笑不得：害怕什么呢？我们又不是老虎会吃人，我们也和你们一样是人啊！这样的军队怎么能打败训练有素、装备精良、久经战阵的敌人呢？不仅不可能打败敌人，甚至连必要的抵抗都做不到。图哈切夫斯基主张立即用铁的自觉的革命纪律战胜反革命分子的保皇党的纪律，以对付我们的敌人——反革命的雇佣军。

图哈切夫斯基经常同集团军司令部成员在一起研究对策。他们针对部队存在的问题，认真商量切实可行的方案。经过讨论，大家都认为要想打败国内外敌人，必须：第一，需要重新组织部队，充实训练有素的参谋人员和战斗部队的指挥员；第二，统一建制，结束部队中队伍林立的状态；第三，寻找运输工具，提高部队的机动能力。然而现在正处于紧张的战斗中，完成这一方案是非常非常困难的。

图哈切夫斯基不愧为铁骨铮铮的硬汉子，在困难面前并没有屈服。他先是积极努力以取得政治工作人员的支持，努力赢得官兵的信赖。经过一段时间的努力，他成功了：政治工作人员热心支持图哈切夫斯基的工作，而且双方配合默契。广大的士兵也从心里喜欢上这个年轻的布尔什维克。然而成功也并不是一帆风顺的，它也经历了挫折。在图哈切夫斯基刚刚开展工作的时候，第一集团军政治委员尤·阿·加里宁对他很冷淡，而且丝毫不掩饰他的冷淡态度，并对图哈切夫斯基怀有戒心。极其聪明的图哈切夫斯基很容易地觉察到了这一点，但他并不介意，还尽量为政治委员的工作提供方便，他希望双方能和平共处，共同为建设红军而努力。在双方意见出现分歧时，图哈切夫斯基很注意分寸，注意自己讲话的分量，也同时含蓄地暗示对方，他本人不仅是位旧军事专家，而且是共产党员、地地道道的布尔什维克。在需要坚持自己的观点时，他不卑不亢，有理有据地进行力争。图哈切夫斯基的所作所为终于赢得了信任和支持。

图哈切夫斯基在组织红军过程中，也积极争取当地党组织和苏维埃的理解与支持。6 月 27 日，他一到因萨就立即同辛比尔斯克省委取得了联系。7 月 3 日，他到辛比尔斯克会见了辛比尔斯克省委书记瓦列伊基斯，他们在一起具体商谈了建立正规军、筹集武器装备的紧急措施。地方党组织被他的工作热情和乐观精神所感动，表示愿意尽最大努力支持第一集团军，辛比尔斯克省委军事委员会成员勃·伊·奇斯托夫将图哈切夫斯基与东方战线总司令穆拉维约夫作了有趣的对比：“不久前，穆拉维约夫到辛比尔斯克时，甚至不愿见党员，令人心寒，这使我们不由自主地将此人的傲慢与图哈切夫斯基的谦虚态度加以对比。”

在军队和地方党组织方面，图哈切夫斯基已经取得了理解和支持。这使他感到欣慰，对前途有了信心和希望，然而面临他的还有最棘手的干部问题。没有知识健全、经验丰富的领导干部，部队的整体素质不能提高，没有灵活的战斗力，不能击退当前的大敌，所以必须着手解决这一问题。在当时的条件下是不允许开办军官学校的，即使能办，培养人才也不是一朝一夕的事，它需要时间的积累，这也不能解决燃眉之急呀。这可怎么办呢？不能眼看着苏维埃政权走向灭亡。图哈切夫斯基皱着眉头，苦苦思索。图哈切夫斯基通过了解得知，辛比尔斯克有几千名旧军官，只有少数人参加了红军，多数人还在观望、等待，处于犹豫不决之中。何不在实际工作中贯彻党和政府利用旧军事专家的决议呢？已经参加了红军的旧军官不也一样为苏维埃政权效力献身吗？而且有的人成绩卓著。图哈切夫斯基很了解这些在正犹豫中的旧军官的心理，相信他们多半不会投入白军怀抱的，而是热爱自己的家乡、自己的人民、自己的祖国，有着强烈民族精神的。应该帮助他们认清时局，站在人民的利益一边。他把自己的想法告诉了瓦列伊基斯，得到赞同，决定以第一集团军名义发布动员令："为建立有战斗力军队，需要有经验的领导者，因此我命令居住在辛比尔斯克省的所有旧军官，迅速站到我军旗帜下。今天是 7 月 4 日，生活在辛比尔斯克城内的旧军官必须在 12 点以前到武备中学报到，违者将送交战地军事法庭。"图哈切夫斯基下了这个动员令，内心也是非常不安和焦虑的。不知这些军官们能否遵令，因为这个动员还不具备国家法律效力。这是一件令人担心的事，如果他们不来，你拿他们没办法。还好，到了7月4日12点以前，旧军官们非常愉快地来到了这里，图哈切夫斯基同他们谈话很注意分寸，回答他们提出的问题，解除他们心中的疑惑。在图哈切夫斯基的努力下，当即有100多名旧军官报名参加了红军。他们乐呵呵地交谈着，为图哈切夫斯基出谋献计。图哈切夫斯基紧张忧虑的心情轻松了许多。他的努力没白费，在这些旧军官中，有些人被委以重任。例如，伊·恩·乌斯季切夫被任命为司令部行政处主任，克·普·季科夫领导作战部，伊·伊·切尔诺莫舍夫做图哈切夫斯基的助手，勃·伊·阿尔叶尼耶夫做侦察处副主任。这些人在各自的工作岗位中尽职尽责，受到了一致好评，他们都热心诚恳地支持图哈切夫斯基的工作。

图哈切夫斯基一边积极为部队补充干部，一面着手制订反攻的作战计划。思想的劳累使得图哈切夫斯基极其疲倦，从年轻的布尔什维克的脸上明显地看到了虚弱，同志们都很担心他的身体，劝告他要适当休息，以便更好地工作。他只是微笑着点点头，继续干他的工作。部队为了照顾他的身体，特意为他安排一个炊事员，每顿饭都为他精心调制。起初他不知道，吃得津津有味。当他后来发现这是专为他做的饭菜时，他说什么也不吃了，非要和大家一样才行。同志们更从心里喜欢、尊敬这位年轻的军官了。

反攻的作战计划其实是非常复杂的，必须知彼知己，了解对方的实力，采取相应的对策，才能打胜仗。图哈切夫斯基想趁捷克兵团和白军尚未集结，也就是兵力不足时，迅速采取进攻，打它个措手不及，否则，很难打胜仗。但是情况要比图哈切夫斯基到达第一集团军时所料想的要严重得多。1918 年 6 月 30 日，他向部队发出要求："现在我们的目的、无产阶级社会主义军队的目的不仅仅是阻击和防御敌人，这样做我们不能拯救苏维埃共和国。现在我们的目的是尽快从捷克人和反革命分子手中夺取通向西伯利亚和其他产粮区的交通要道。为此，必须尽可能地向前推进，必须进攻，任何拖延都意味着灭亡。"

图哈切夫斯基在制订军队反攻计划时面临着一系列的困难，如部队尚未作好进攻准备，军队给养和装备不足，缺乏运输工具，等等，这些已使图哈切夫斯基感到头痛。军队给养、装备不足是不可能打败敌人的。缺乏运输工具，军队的机动能力很小。可是使图哈切夫斯基最为闹心和头疼的还是他们的上司、东方战线总司令穆拉维约夫。穆拉维约夫总是一意孤行，总把他的作战计划强加给图哈切夫斯基，不管有无道理，有的计划竟毫无道理甚至是荒谬的，也要命令图哈切夫斯基执行，图哈切夫斯基忍无可忍，无法不和这位上司发生冲突。

穆拉维约夫——这位图哈切夫斯基的顶头上司，原是沙皇军队的一名中校，在临时政府时期，他拼凑了几个所谓的突击营，成了他的本钱。十月革命后，摇身一变，易帜为红军。国内战争初期，他所在的地区来了日本干涉军，他没有跟白军走，嫌白军给的官职太低，暂时就在红军队伍中栖身。事实上，他在心里是极为仇视苏维埃政权的。他的特点是作战勇敢，煽动能力特强，虚荣心也极强。尤为厉害的一点是他高傲自大，不把别人放在眼里。尽管他不懂得起码的军事理论，但是他却把拿破仑的战争史读得滚瓜烂熟，总是谈到拿破仑，他的卓越指挥啦，他的战略战术啦，常以拿破仑化身自居。众所周知他根本没有指挥大军的能力，但他毕竟是东方战线总司令，他的命令谁敢违抗呢？图哈切夫斯基可不管这一点，只要上司有错误，他就和上司辩论，有时争得面红耳赤，结果是以图哈切夫斯基的胜利而告终。但是，他是上司，自己在人家的领导下，这对图哈切夫斯基来说总是不大好的。

根据穆拉维约夫的意思，第一集团军在东方战线上的首要任务是进攻塞兹兰和萨马拉。在塞兹兰和萨马拉集中了捷克兵团伏尔加河方面军的主力，而第一集团军仅仅8000名士兵在这条战线上展开进攻。寥寥的士兵进攻漫长的战线，兵力不足是稍有些军事头脑的人都能看得出来的，并且红军各支队伍在这条战线上很难彼此照应，作战计划不是经过大家商讨决定的，是穆拉维约夫自己研究决定的。不听从大家的建议，这是他的一贯做法。图哈切夫斯基很是气愤，这不明明是自取灭亡吗？穆拉维约夫的具体作战计划是命令8000名士兵担任主攻任务，从北面攻击萨马拉，其余部队担任佯攻，友军第二集团军应从萨拉托夫和乌法纵深迂回到捷克人南面和东面，切断其交通线，配合第一集团军的行动。

图哈切夫斯基知道这是不可行的，穆拉维约夫这样做是拿士兵的生命当儿戏。他找到这位顶头上司，把理由一一地讲出来，这样以几千名的兵力进攻规模庞大的敌军，战线又如此的长，是无论如何不能打胜的。不管图哈切夫斯基怎样说，这位上司拒不改变作战计划。图哈切夫斯基拿他没办法，但是不能眼看着自己的军队去白白送死呀！他考虑良久，决定违抗上司的命令，修改这项荒谬的计划，图哈切夫斯基决定自己承担风险。他也深知，这样做会招致违抗军令的罪名，然而他不能把士兵的生命当儿戏。他冥思苦想，根据敌人兵力强大、我方弱小的特点，决定运用集中兵力，出其不意地打击敌人的战术。图哈切夫斯基决定用收拢五指形成为拳头的打法代替全面出击的打法，命令从塞兹兰方向调来的两个团加入突击部队，而靠友军加强这一方向，将炮兵和工兵集中到主攻方向。为了保证胜利，扩大战果，图哈切夫斯基建议动用部署在辛比尔斯克的装甲营。穆拉维约夫答应了他的要求，同时意识到作战计划有了改动，他感到很生气："怎么连上司的命令也敢违背呢？我要给他施加压力，让他难堪。"遂命令第一集团军从距离萨马拉最近的地方出击，不顾红军不能离开铁路或运河这一禁忌。图哈切夫斯基选择了靠近伏尔加河的地方，作为进攻萨马拉的主攻方向，图哈切夫斯基之所以这样安排是由于这里沿河交通方便，部队的机动力强，还可以利用隶属他指挥的伏尔加河小舰队来支援他们。图哈切夫斯基也选择了在塞兹兰方向进攻，在这里进攻是为迷惑敌人，让敌军弄不清我军的部署。他在准备作战计划时，已经意识到进攻速度是打败敌军的首要问题，他根据时间推算，估计白军的先遣部队正好行进在辛比尔斯克和萨马拉之间，图哈切夫斯基决定抢在敌军前面沿运河运送自己的主力军。他命令在辛比尔斯克迅速装备起 4

条轮船，还有数艘驳船，用熟悉水性的红军战士组成水兵队。在进攻时军舰紧紧尾随先头部队，所有的装甲汽车沿岸边同军舰并行，步兵跟在装甲汽车的后面。可见，图哈切夫斯基的作战是非常严谨周密的。

第一集团军最初的进攻是很有效果的，没用几天时间就解放了塞兹兰和布古利姆，红军仅伤亡几十人，就打败了号称强大的敌军。敌军就是纸老虎，你越厉害，它就越害怕，你越胆怯，它就越疯狂。这次胜利是在红军一再失利的情况下获得的。这次胜利令战士们欢欣鼓舞，士气大增，对战斗充满了必胜的信心，他们在等待着新的进攻号令。

在紧张的战斗之余，战士们也寻找着精神乐趣。战场上没有剧院、舞厅，没有钢琴、小提琴，没有足球、排球，有的只是战士们的热情，他们十几个人围成一圈，居然玩起了丢手帕的游戏，还有的两三个人在一起谈论各自的家乡。堂堂七尺男儿又何尝不想念父母，想念未婚妻，想念家乡的一草一木呢？然而他们更想让家乡的人民过上平安幸福的生活。他们严阵以待。

1918 年 7 月 9 日，图哈切夫斯基从因萨车站来到辛比尔斯克，准备尽快领导萨马拉的战斗。但是大大出乎他的意料，进攻萨马拉的计划被搁浅了。塞兹兰也被迫放弃。穆拉维约夫在搞什么名堂？在关键时刻给部队泼冷水。难道他又有什么高招不成？图哈切夫斯基怎么想也想不出个所以然来。

图哈切夫斯基伏案疾书，他要把这些天来对总司令干预过多、指挥不当的想法表达出来，当然措词比较委婉，言语比较谦逊。正当他想把信发出去的时候，穆拉维约夫乘坐“仲夏”号快艇来到了辛比尔斯克，图哈切夫斯基当即被叫到快艇上去。正好，和总司令当面谈谈。图哈切夫斯基边走边思索，怎样对付这个可恶的总司令，让他心服口服呢？这一次也许要发生冲突了。当他走近“仲夏”号快艇时，穆拉维约夫在甲板上迎候他。图哈切夫斯基强忍住内心的怒气，露出笑脸，表示对上司的到来感到高兴。这一勉强太难为他了。甲板上摆着餐桌，穆拉维约夫客气地请他用餐，但是图哈切夫斯基哪有心思吃饭？和上司客气了一下，便开始陈述给穆拉维约夫信中的意见：“昨天就想全力进攻，可是您不准装甲营行动，其结果使我们向乌索尔耶和斯塔夫罗波尔进攻的步兵力量过弱，再也不会有人像您这样束缚我的独立性了。我在现场，最清楚究竟该怎么办。您只要给我任务，我就一定会完成它，但您无须开处方，那是无法忍受的。”

穆拉维约夫冷笑着听他的讲话，用和解的口气说：“你的汇报、你的担忧和你对我的攻击是不妥的，我请你了解已经开始的新的历史事件。布列斯特和约已被撕毁，同德国的战争已成事实，德国人已占领了奥尔沙，正在向莫斯科进攻，人民委员会已经开始动摇，正欲向德意志皇帝投降或同德国进行革命战争。在这样的时刻你我应当采取爱国的重大行动。在我手下有最可靠的军队，让我们共同想想该怎么办吧！”然后，穆拉维约夫又试图证明英美在摩尔曼斯克和远东登陆是正确的，他很得意地说，他早就料到德国人会有组织地进攻俄国，而被德国离间的捷克兵团可能成为协约国方面的急先锋。

此时的穆拉维约夫早已经背叛了革命，但图哈切夫斯基还蒙在鼓里。1918 年 7 月 6 日，左派社会革命党人勃柳姆金和安德列夫用伪造的全俄肃反委员会委托书钻入德国驻苏俄使馆，刺杀了大使米尔巴赫，试图激化苏德之间的关系，重新挑起战争。在这种时刻，左派社会革命党人掀起了反对苏维埃政权的叛乱。穆拉维约夫认为时机已到，立刻与左派社会革命党人勾结起来，穆拉维约夫此行就是想让图哈切夫斯基与他一起走。他还向第一集团军的战士们发表了欺骗性的讲话。起初，战士们将信将疑，然而这位穆拉维约夫煽动力极强，说什么誓死保卫祖国啦！按他说的去做革命一定能成功啦！战士们最终还是相信了他的鬼话。具有独立思想的图哈切夫斯基对已同德国宣战的消息感到怀疑，但这位上司的用意他已明白了些，为了弄清这位上司的全部打算，图哈切夫斯基故意激他说："如果同德国的战争已成事实，那么，你我应给予白军和捷克人以致命打击，歼灭德国人以前在伏尔加河的'盟友'，保证红军后方的安全。"并建议讨论一下进攻萨马拉的新计划。直到这时，这位上司才按捺不住了，"嗖"地从椅子上站了起来，指手画脚地大声嚷道："图哈切夫斯基少尉，你是俄国贵族，我可委任你在我手下部队担任任何一种职务，让红军与捷克人联合起来。"穆拉维约夫又声称："从萨马拉到海参崴的所有捷克官兵，我向你们宣布同德国的战争，我命令你们归入我们东进的纵队，向伏尔加河进发，向西部边境进攻，占领伏尔加河上的辛比斯克—萨马拉—萨拉托夫—巴拉绍夫—察里津一线，然后向北乌拉尔方向、叶卡捷琳娜堡和彼尔姆进攻。以后的命令你们还会得到。落款是：指挥同德国人作战的总司令穆拉维约夫。"

穆拉维约夫讲到这里，图哈切夫斯基完全明白了，他义愤填膺，用手指着他的上司："我们之间没什么好说的，你这个叛徒。"穆拉维约夫一听这话，也两眼圆睁，怒气冲冲地吼道："我已举起起义大旗，同捷克人言和，向德国人宣了战。"他没有料到他的下属会不听从他的命令，会把自己臭骂一顿。他决定先吓唬一下图哈切夫斯基，把他逮捕起来。穆拉维约夫命令两名士兵把图哈切夫斯基绑起来。那两名士兵心里很尊敬图哈切夫斯基，不想遵令，但又害怕穆拉维约夫。看到他俩磨磨蹭蹭，想不绑又不敢的样子，图哈切夫斯基主动把手背在后面。图哈切夫斯基被捆绑着塞进了汽车。图哈切夫斯基想："我一身正气，害怕他什么呢?"但是图哈切夫斯基最担心还不是他个人的安危，而是苦恼自己无力制止已经开始的叛乱。其他的人还不知道这个上司已经叛变，这场叛乱会直接威胁到辛比尔斯克所有的共产党员的安全，特别是这里的党和苏维埃领导人。更重要的是它还会急剧恶化整个东方战线的局势，造成严重的后果。图哈切夫斯基越想越着急。可是有什么法子呢?汽车颠簸着开进了辛比尔斯克的装甲营驻地。穆拉维约夫命令几名士兵把图哈切夫斯基押到一列停在死岔道上的车厢里，由几名拉脱维亚士兵看押。这几名拉脱维亚士兵真是尽职尽责，一步都不离开图哈切夫斯基。他们叽里哇啦的拉脱维亚语使图哈切夫斯基感到厌烦。穆拉维约夫也算有点人情味，命令士兵每天给图哈切夫斯基带来可以称得上是丰盛的菜肴，但图哈切夫斯基哪有这个胃口，他在为同志们的生命担忧，在为这里的党和苏维埃领导人的命运担忧，在为东方战线的局势担忧。他对穆拉维约夫的可耻行径咬牙切齿，恨不得一枪打死他，但现在他力不从心。尽管他难以脱身，但表现得很冷静，他迅速判断了形势，决定向士兵揭穿穆拉维约夫的本来面目：穆拉维约夫曾向装甲营的战士挑拨说，图哈切夫斯基和辛比斯克苏维埃想非法逮捕和枪毙该营的指挥员。图哈切夫斯基这样描述了后来的事态的发展：

“当穆拉维约夫去包围苏维埃的最初时间，红军战士想立即枪毙我，但当有人问我，为何被捕时，我回答因为自己是布尔什维克。他们感到十分震惊并说，我们也是布尔什维克。于是我和他们交谈起来，当他们听到左派社会革命党人在莫斯科发动叛乱和穆拉维约夫已经叛变的消息，这几名士兵走到一边。用拉脱维亚语嘀咕了一阵，把我释放了。”其中一名士兵还护送图哈切夫斯基到了安全的地方。图哈切夫斯基很是感动，他清楚地记得这个人的模样，他中等个子，一双明亮的眼睛，微微翘起的鼻子。后来，这个人在图哈切夫斯基身边当了很长一段时间的传令兵。

穆拉维约夫在逮捕了图哈切夫斯基后，立即按照他同当地左派社会革命党人制订的叛乱计划，企图把辛比尔斯克省执委会拉到他们一边，以便名正言顺地打出“伏尔加河共和国”的招牌。他率领装甲营急匆匆地赶到辛比尔斯克执委会所在地。一到执委会便向省委书记陈述他的建议。省委书记瓦列伊斯基倾听着、思索着，觉得穆拉维约夫的建议太突然了，噢，省委书记醒悟过来，穆拉维约夫已经站到反人民的立场上去了，他心里有了谱，但表面极为平静。为赢得时间他同意进行谈判。穆拉维约夫一离开执委会，瓦列伊斯基立即通知辛比尔斯克的革命者，穆拉维约夫已经叛变。当辛比尔斯克的革命者得知这一消息，纷纷痛骂这个狗叛徒，他们立即动员起来，顷刻之间聚集在省执委会所在地。忠实苏维埃政权的军队和武装工人纷纷要求立即逮捕狗叛徒。瓦列伊斯基劝大家要冷静，看看这狗叛徒如何表演。

7 月 11 日深夜，穆拉维约夫率领着随从兴冲冲地再次来到省执委会所在地。他要等着布尔什维克一点点地上套，按照他设计的方案执行。他做梦也没想到，他正一步步走向死亡。辛比尔斯克布尔什维克已经迅速地控制了整个局势。从谈判开始后，穆拉维约夫已有所察觉：布尔什维克难道已经发现了我的计划？不，这是不可能的。但是从瓦列伊斯基那双镇定自若的眼神中，穆拉维约夫感到情况不妙，额上渗出了细微的汗珠。“得赶快离开这儿，”他告诉自己说。他假装镇静地从椅子上站起来说：“我去安抚一下部队。”就转过身去，向其随从使个眼色想夺门而出。瓦列伊斯基早已在门口安排好伏兵，穆拉维约夫刚一迈出门槛，即被伏兵拦住。穆拉维约夫的随从与红军展开了枪战。没一会儿，穆拉维约夫便被击毙了。其随从也被解除了武装。人心大快，穆拉维约夫的尸体被拖了出去。

1918 年 7 月 11 日，也就是在穆拉维约夫被击毙的同时，图哈切夫斯基也脱险归来。他飞奔着赶到省执委会，以便揭露叛徒的真面目。到了那里才知道叛徒已被击毙，他兴奋得紧紧和瓦列伊斯基拥抱在一起。他们深知如果让叛徒得逞，其后果将不堪设想。大家都为粉碎了刚刚发生的反革命叛乱松了一口气。

图哈切夫斯基和瓦列伊斯基向红军战士和辛比尔斯克

劳动人民发出呼吁："让我们精神饱满地站在自己的岗位上，开向抗击捷克匪帮的前线，我们将平安无事，胜利将属于革命者，我们不怕任何叛徒和反革命。"

穆拉维约夫虽已毙命，但还存在为数不少的穆拉维约夫分子，他们继续进行着阴谋活动。图哈切夫斯基决定立即采取措施，肃清穆拉维约夫分子。他宣布废除穆拉维约夫制定的所有命令，撤销了与叛徒交往频繁的人员，但是穆拉维约夫有的命令，例如同捷克人言和向德宣战的电报，已经传达到一些部队，思想上引起混乱。一些士兵已开始不信任领导，矛头尤其指向旧军事专家，一些造谣分子、左派社会革命党人和孟什维克开始散布谣言，极尽摇唇鼓舌之能事。

图哈切夫斯基作为旧军事专家的成员之一，也受到了怀疑。第一集团军革命军事委员会成员普·阿·科博泽夫曾经下令逮捕图哈切夫斯基。然而这时期图哈切夫斯基依然镇定自若，冷静地处理各项事务，图哈切夫斯基的苦心并没有白费。经过他的努力，又再次赢得了尊敬的目光和信任的微笑。图哈切夫斯基不愧为一名优秀的布尔什维克共产党员，以他的一身正气，稳定了军心，平息了风波。布尔什维克经过讨论，觉得旧军事专家的功绩是不可磨灭和歪曲的。7月10日全俄苏维埃第5次代表大会召开，纷纷讨论吸收旧军事专家问题，会上一致通过了广泛吸收旧军事专家的决议。这对图哈切夫斯基无疑是一个极大的鼓舞。7月16日，他来奔萨市，准备动员这里的旧军官参加红军。7月18日颁布了动员令。但是，反革命分子又开始搞破坏，说招集旧军官是为了逮捕和枪毙他们。本来准备报名参加红军的旧军事专家又开始犹豫了，图哈切夫斯基找他们谈话，他们也含糊其辞，躲躲闪闪，没有明确的态度。满怀着希望的图哈切夫斯基心灰意冷。正在这个关键时刻，刚被任命为第一集团军政治委员的古比雪夫帮助了他。

这里简单介绍一下古比雪夫其人。古比雪夫是苏联早期卓越的党和国家领导人。他一生中曾8次被捕，4次入狱，4次流放西伯利亚，在苏联国内战争中同苏联著名军事将领伏龙芝和传奇英雄夏伯阳在一起指挥红军血战沙场，后来又在苏联社会主义经济建设时期作出了卓越的贡献。古比雪夫为贯彻列宁的新经济政策和全国电气化计划、为苏联的工业化和国民经济的改造、为制订并实现苏联第一和第二个5年计划而呕心沥血。古比雪夫一生中实事求是、勇于创新、重视科学技术、任劳任怨、孜孜不倦、夜以继日，最后战死在战斗岗位上。

图哈切夫斯基和古比雪夫一见面，就有一种似曾相识的感觉。图哈切夫斯基非常钦佩这位职业革命家的广博的知识和谦逊的态度。古比雪夫对图哈切夫斯基刚直不阿的性格、卓越的军事才能、杰出的领导才干也赞叹不已。他深深地喜欢这位年轻的军事专家。现在正值图哈切夫斯基遇到困难之际，古比雪夫决定帮助他闯过难关。古比雪夫很注意从各方面树立年轻军事专家的威信，说服红军战士信任旧军事专家。动员旧军官的工作也得到了布尔什维克党和苏维埃各级组织的热情的支持，他们采取措施揭露谣言，极力宣传苏维埃的政策主张以及苏维埃面临的危险，还有使用旧军事专家的意义，宣传工作做得很好，刚过一天就陆续有旧军官来到奔萨省革命军事委员会，奔萨省动员旧军官的工作进展顺利。

动员旧军官的工作刚告一段落，图哈切夫斯基马上着手在奔萨和辛比尔斯克省靠近前线地区征兵。这时的部队缺员很严重，需要补充。兵力不足怎么能打胜仗呢？图哈切夫斯基倡议在军司令部下设征兵动员处，该动员处有成员上百名。动员处设在一间简陋的平房里，房里仅有几十张桌子、椅子。队员们从家里拿来笔和纸，伏案疾书。

“一切为了苏维埃”、“当兵去”、“当兵光荣”等标语贴满大街小巷。队员们还别出心裁地抬着大鼓沿街宣传。他们向围观的群众揭露捷克兵团叛乱的实质，说明苏维埃政权面临的威胁，号召那些不愿受地主资本家剥削、不愿让苏维埃政权灭亡的人参加红军。这些队员的鼓动起了相当大的作用，没几天时间，就有几千人报名参军。征兵工作还是很有成效的，第一集团军不仅补充了现有的连队，还组建了新的连队。在这同时，党在中部地区召集来很多共产党员，加强东线，使部队提高了战斗力。在此基础上，图哈切夫斯基大刀阔斧地把第一集团军下辖的 80 个支队合并成 3 个师，师下面设旅、团、营，另设骑兵部队。全军战斗人员初步设 3 个师，按地域又分别称之为奔萨师、因萨师和辛比尔斯克师，按步兵师番号称为第 20 师、第 15 师和第 24 师，这是红军第一批正规师。到 1918 年 7 月底，第一集团军约为 13 500 人，有 50 门炮，230 挺机枪，2 个装甲列车，7 辆装甲车，1 架飞机，还有 3 个骑兵团和为数不多的工兵、炮兵，按其数量不超过一个师的编制。尽管这些数字在现在看来实在太少了，然而在当时却是一件相当不容易的事。

在军队的政治教育方面，第一集团军在师一级设政治工作机关，做好战士的思想工作，还开始出版了陆军报《革命警钟》，加强部队的政治教育。在军队的法制建设方面，在军和师一级都设立了革命军事战地法庭，严厉制裁军事犯罪，加强军纪，在对待白军俘虏方面，严厉制止枪毙俘虏，还规定对俘虏采取从宽政策，禁止对投降者和战俘施以体罚，战俘应交师司令部处理。这一政策使白军知道了红军是礼义之师，不再相信白军欺骗的话了，也不肯再为白军长官卖命了。他们经常三五成群地谈论时局，谈论战争的正义与否，他们越来越觉得，也越来越认识到，布尔什维克党领导的军队才是真正为广大人民利益服务的，他们一有机会就投向红军这面来。图哈切夫斯基热情地欢迎他们。白军士兵的思想转变，有利于从内部瓦解敌军，使敌军的整体战斗力下降。

在国内战争时期，苏维埃俄国的经济状况特别糟，部队的武器、弹药、衣服、粮食常常供应不足。部队没有武器弹药怎能打仗，难道要赤手空拳不成？这可急坏了指挥员。衣服不够用，战士们穿什么？有鉴于此，勤于动脑的图哈切夫斯基有了主意，由于交战双方的战线经常变动和不稳定，货物不能及时地运送出去，大量货物滞留在大小车站。在这些货物中有粮食、衣物，还有牙膏、牙刷、毛巾等日常用品，武器有步枪、机枪、大炮、子弹……谁也分不清哪批货物是属于哪一方的，只知道是供应前线打仗的。何不利用这个，得到急需物资呢？图哈切夫斯基决定在谢尔多布斯克成立军需储备处，该处规定它有征用本军防区内铁路沿线无人提取的货物的权力。通过这种方法第一集团军获得了大量的急需物资。其他集团军见第一集团军通过这种方法解决急需物品，也都纷纷建立军需储备处。

1918 年 8 月初，列宁从莫斯科给第一集团军发来电报称："苏维埃人民委员会主席列宁命令，就第一集团军至今仍然住在车厢里，而没有转到战场去的原因，作出报告。立即采取措施，把部队从火车上撵下来，让部队自己去搞辎重。"其实，图哈切夫斯基又何尝没意识到这一问题呢？交通运输问题是部队领导们最担忧的问题，这个问题解决不了，整个部队几乎只能住在火车上，根本没有机动能力。由于图哈切夫斯基需要做的工作太多，常常抓住了这个，又放松了那个。列宁一声令下，促使图哈切夫斯基加快了军队的装备工作。第一集团军在图哈切夫斯基的带领下，官兵上下齐心协力，有的到附近农庄买马，有的拿起锤子、凿子修理武器和辎重，有的着手筹集粮食，各行其责，各尽其能，全军上下热火朝天。到了 8 月下旬，成群的马匹聚集在第一集团军所在地，粮食谷物堆积成一座座小山。军队的准备工作取得了可喜的进展。看到这种情况，图哈切夫斯基感到非常满意，他乐观地说："第一集团军已在组织上、行政管理上和经济方面做好了采取重大行动的准备。"是的，正如图哈切夫斯基所说，第一集团军已不再是刚刚成立时的第一集团军了，它已日益发展、成熟、壮大，已经变成一支坚强有力的红军队伍。

古比雪夫对第一集团军是这样评价的："第一集团军不仅番号是第一军，而且是组织、纪律、训练含义上的名副其实的第一军。"他还指出："游击作风的环境中，图哈切夫斯基是军事史上一位新的代表人物，因此，在第一集团军里，游击作风的消极影响比任何地方都轻。"

确实，从 6 月 25 日图哈切夫斯基受命指挥第一集团军起到 8 月底这段时间，他克服了一个又一个困难，使第一集团军从不成熟到成熟，从弱小到强大，表现了他的杰出的军事和组织才能。

在东线战场上

无产阶级在推翻了资本家与地主的统治，使自己成为苏维埃政权的统治者后，就必须采取措施来巩固政权，以便粉碎剥削者的反抗，领导全体人民进行伟大的社会主义建设。具体办法是：

（一）破坏旧有的资产阶级国家机器而代之以新建立的苏维埃国家机器。

（二）消除社会生活各方面的不平等现象。

（三）打破资产阶级的经济势力。

（四）改善人民群众的生活条件。

苏维埃政权还迅速果敢地用革命方法实现农民最迫切的经济要求，也就是贯彻执行土地法令，使农民取得了无偿使用地主土地的权利，摆脱了地主资本家的压迫。农民群众从自身的经验认识到，只有坚决拥护苏维埃政权，同城市工人结成联盟，并在苏维埃中同工人密切合作，才能实现土地法令。苏维埃政权的基础——工农联盟更加巩固了。

由于实行了上面所述的一系列措施，苏维埃政权可以说大为巩固了。但是俄国还处于和德、奥交战的状态，因此苏维埃政权并不是完全巩固的。苏维埃领导人意识到，要使政权彻底巩固，就必须结束战争，所以布尔什维克党在十月革命胜利后，立刻展开了争取和平的斗争。苏维埃政府向一切交战国及其人民建议，立刻开始进行关于正义、民主、和平的谈判。可是英法当局拒绝接受这一建议，于是苏维埃政府从 1917 年底起和德国进行和平谈判。布尔什维克党中央和列宁认为必须和德国缔结和约，以便使苏维埃国家能够集中力量恢复自己的国民经济，并开始社会主义建设。布尔什维克党和列宁的这个主张遭到所有的反革命派、社会革命党人、孟什维克的疯狂的反对，他们想借德帝国主义的手来扼杀苏维埃国家。在党内，托洛茨基、布哈林等也不赞成同德国缔结和约，当时的情况是：国民经济已遭受破坏，大家都疲于战争，前线已经出现自发的复员，士兵们正在设法回家，前线陷于瓦解的局面，新的军队尚未建成，旧的军队已不能再作战，被战争弄得精疲力竭的劳动人民渴望和平，新成立的苏维埃共和国没有力量进行战斗，在此情况下继续同德国作战就无异于把新生的苏维埃共和国的生命拿来作赌注。因此，当时最迫切的任务是：和德国缔结和约。

在当时最危险的强盗德帝国主义面前实行退却，以便得到喘息的机会，巩固苏维埃政权，并有时间和精力建立能卫国抗敌的红军。但是由于进行和平谈判的苏维埃代表团团长、外交人民委员托洛茨基的错误，同德的和平谈判在 1918 年 2 月 10 日中断了。托洛茨基违背了党中央的决定和苏维埃政府的指令，拒绝在德国所要求的条件下签订和约，但同时却又通知德方，说苏维埃共和国决定不再进行战争，并在继续实行军队复员。托洛茨基这个错误行为给苏维埃国家带来了巨大损失。德帝国主义者立刻以此为借口破坏停战协定，于 2 月 18 日发动了全线进攻。德帝国主义的目的是想推翻苏维埃政权，使苏维埃国家变成德国的殖民地。旧军队当然抵挡不住大量德军的袭击，德军终于侵入了乌克兰和白俄罗斯，并且向彼得格勒进逼。一个致命的威胁降临到了苏维埃国家的头上。

在这危急关头，人民委员会发表《告人民书》，题名为《社会主义祖国在危急中》的法令。工人阶级响应党和政府的号召，加紧实行编制红军部队。年轻的红军在反对武装到牙齿的德国干涉者的战争中，受到了自己第一次的战争洗礼。德国侵略者在纳尔瓦和普斯可夫附近受到了坚决的回击，他们向彼得格勒的进攻终于被遏制住了。回击德帝国主义军队的那一天，即 1918 年 2 月 23 日，便成了年轻红军的生日。

由于列宁的坚持和做了大量的说服工作，列宁主张签订和约的路线取得胜利。2 月 24 日，全俄中央执行委员会决定接受德国提出的条件。1918 年 3 月 3 日，由新的成员组成的苏维埃代表团在布列斯特——里托夫斯克签署和约，但此时的和约条件比最初的条件苛刻多了。德帝国主义者占领了多达 100 万平方公里的广大领土，等于德、法两国领土的总和，使 4000 多万乌克兰人、拉脱维亚人、爱沙尼亚人、白俄罗斯人和立陶宛人处于德帝国主义铁蹄之下。此外，苏维埃共和国还要向德国缴纳数十亿卢布的赔款。

布列斯特和约的签订使苏维埃得到了暂时的和平——即喘息和休养生息的机会，也正是由于这个难得的机会巩固了苏维埃危在旦夕的政权。

布列斯特和约的签订只是结束了同德国的战争。不久以后，苏维埃国家又开始了国内战争。协约国帝国主义支持苏维埃国内的反动力量向苏维埃发动进攻，这是反动势力同革命力量的大决战。

苏维埃政权在西欧战争正酣时缔结布列斯特和约，并且因为它实行种种革命措施而使得苏维埃政权日益巩固这一事实，使得西方各帝国主义国家，尤其是协约国帝国主义感到不安。他们害怕本国的工人和士兵也会效仿俄国的工人和士兵来反对他们的压迫和剥削。他们担心俄国退出战争会加强德国的作战地位，因为在这以前，俄国军队牵制了一大半德军。最后，垄断资本家不甘心失去他们借给沙皇政府和资产阶级临时政府的几十亿卢布，不甘心放弃他们在俄国拥有的，给他们带来巨额利润的煤井、工人、矿物等等。因此，英、法、美、日等帝国主义，随着奥匈帝国主义，在德帝国主义之后，决定对俄国实行武装干涉。他们想扼杀苏维埃政权，恢复地主和资产阶级的统治，掠夺俄国的领土和资源，奴役俄国人民并取消对德和约，恢复对德奥作战。

帝国主义者的武装干涉是在和俄国内部反革命势力密切勾结下进行的。俄国的反革命势力拥有掀起武装叛乱所必需的军事干部和人员，主要是哥萨克上层分子和富农，但他们却没有金钱和军火。俄国地主和资本家为了能够得到干涉者的帮助，恢复自己在国内的统治，甘愿把俄国的领土、粮食、石油、工业送给外国帝国主义。外国帝国主义者拥有金钱和军火，但因为西欧的战争尚未结束和惧怕士兵受到革命熏染，所以不能抽出充分的兵力来进行武装干涉。因此，在反苏维埃政权的斗争中，国内外两种反苏维埃的势力必须联合，他们这种联合在1918年上半年就开始了。

1918年1月，罗马尼亚军队在法国支持下，占领了比萨拉比亚。3月9日，第一批英国军队在摩尔曼斯克登陆，扶持白匪军，推翻了当地的苏维埃政权，成立“北俄政府”。4月，日本强盗占领了海参崴、滨海省和北库页岛。法帝国主义者在黑海海岸登陆，占领了敖德萨和塞瓦斯托波尔。在外国帝国主义者的扶持下，北高加索的哥萨克上层分子发动了反苏维埃政权的叛乱。在伏尔加河中游和西伯利亚，帝国主义者组织由前奥军的被俘人员组成的捷克斯洛伐克军在5月末发动了叛乱。8月，美国军队入侵西伯利亚。在顿河一带，克拉斯诺夫将军和马蒙托夫将军在德帝国主义的秘密援助下，发动顿河哥萨克的叛乱，占领顿河区，并开始向苏维埃政权大举进攻。8月，英军从伊朗窜入巴库并侵占了里海以东地区。巴库被占领后，英、法、美、日武装干涉者在苏维埃共和国四周建立的包围圈就形成了。这样，苏维埃俄国就与各个富产粮食、原料和燃料的基本区域隔绝了。工厂因缺乏燃料而停止生产，电站发不出电，城市一片漆黑，运输业由于燃料不足而无法担负运货任务。人民忍饥挨饿，每人的口粮降低到每天 50 克，而且还不是每天都有。出于营养不良，居民中间疫病流行，斑疹伤寒使人们大批死亡。苏维埃国家的困难由于中农的动摇而越发加重了。中农中很大一部分人不满意粮食垄断政策，不肯积极支持苏维埃政府。中农从地主和无产阶级手里取得土地以后，就以为革命已经结束了，他们不了解地主和资产阶级不甘心他们失去的政权，不了解应该打退反革命，捍卫土地和自由。许多中农虽然同情苏维埃政权，但又害怕苏维埃政权长不了，不敢公开出来维护苏维埃政权。反革命分子也就利用了中农的动摇大搞破坏活动，离间中农和苏维埃的关系。

可以说，1918 年对于俄国来说是个多灾之年。苏维埃国家受到国内外敌人四面八方的攻击，布尔什维克党面临着严峻的考验。但是，在这次决战当中，具有决定性意义的最关键的战线在哪里呢？党中央和列宁认为东方战线是具有决定意义的战线。在这里要对付的敌人是捷克斯洛伐克军团。这个军团是一群来自捷克和斯洛伐克的战俘，以前是奥匈帝国的军队，他们有的被俄军所俘，有的是开小差逃跑辗转至俄国。他们对哈布斯堡王朝有着敌对的情绪。最开始，他们集中在俄国的大约3万多人驻扎在乌克兰。布列斯特和约签订以后，俄国退出对德奥的战争，捷克斯洛伐克全国委员会决定把这批战俘转送至法国，参加协约国方面军，攻打德奥军队。苏维埃政府同意将这批战俘通过西伯利亚和远东返送法国。这批战俘听到这一消息后，对苏维埃政权心存感激，但在他们返回的路途中，听到不少谣言，说并不是把他们运送到法国，而是要把他们运往某地进行改编，使他们为苏维埃卖命，还有的说是要把他们交给德奥方面军。他们怀疑是苏维埃政府在欺骗他们，于是出现了骚动和不满的情绪。1918年5月，他们在车里亚宾斯克与亲苏维埃的匈牙利战俘发生了冲突，并打败了匈牙利人。恰在这时，苏维埃政府和红军的领导人托洛茨基宣布他们是苏维埃的敌人。于是他们开始彻底地不信任苏维埃政府。他们谋划发动叛乱。在伏尔加河流域，捷克斯洛伐克军团发动了叛乱。当地的反革命分子迅速与他们勾结起来，并且很快占领了西伯利亚全境，乌拉尔的大部分，稍后又占领了伏尔加河岸的萨马拉、喀山等城市。当地的苏维埃力量薄弱，使得反革命分子屡屡得逞。布尔什维克党认为有必要以东方为反击反革命分子的主要战场。图哈切夫斯基领导的第一集团军成为东方战线的主力。然而，第一集团军的兵力和武器装备都逊于捷克军团。1918 年 7 月 22 日，捷克军团攻陷辛比尔斯克。辛比尔斯克的沦陷，使得党中央认识到东方战场严峻的形势，党中央决定加强红军的战斗力。他们动员莫斯科、列宁格勒和其他地方的党组织派兵前去增援，战士们纷纷要求到东方去，到最需要的战场上去。到 1918 年底已有 2000 多人奔赴前线，武器装备也源源不断地开往前线，这大大加强了东线的战斗力。

共和国革命军事委员会主席托洛茨基在回忆这一段时期的情景时说："辛比尔斯克失陷以后，中央决定派我前往伏尔加河前线，那里面临着巨大的危险。我得先弄到一辆专列。这在当时并不是一件容易的事。我们什么东西都没有，或者确切地说，谁也不知道该到哪里去找所需要的东西。一项非常简单的任务成了一件非常复杂的事情。……我在 8 月 7 日离开莫斯科的时候还不知道，喀山已在前一天被敌人占领。我是在途中听到这一令人不安的消息的。那些匆忙地组建起来的红军部队未经一战就撤离火线，放弃了喀山防线。一部分军官当了叛徒，另一部分措手不及成了俘虏，还有一些则在枪林弹雨中拼死逃命。谁都不知道总司令或别的指挥官到哪里去了。我的火车就停在离喀山最近的斯维亚日斯克这个不小的车站上。在整整的一个月里，革命的命运再次处于生死存亡的关头……”

正是在这种艰难的条件下，东线总指挥下达了进攻辛比尔斯克、喀山、萨马拉、叶卡捷琳堡的命令。

图哈切夫斯基组建的第一集团军，最开始也只是些临时拼凑起来的小型的游击队的集合。他在回忆录中曾谈到最初组建时的情况：“指挥设备一无所有，集团军的战斗编制谁也不知道……部队几乎无一例外地全部住在列车上，他们打的是所谓的‘列车战争’。”

但是尽管组建军队的基础不太好，这种情况在图哈切夫斯基的努力下被扭转了。在图哈切夫斯基及其战友——古比雪夫（政委）、加伊等人的共同合作努力下，第一集团军已日益走上正规化道路。

加伊，是图哈切夫斯基的战友和属下。他全名是加伊·德米特里耶维奇·布日什基扬。他血气方刚、热情奔放、无所畏惧、智力过人、沉着稳重，他成为红军一个不可多得的指挥员。1918 年 7 月，当自卫军攻占了辛比尔斯克以后，一些红军撤退到该市以东的先吉列伊地区，在那里，加伊·德米特里耶维奇·布日什基扬把他们统一起来，整顿军纪，维修武器，运进弹药。加伊把部队组成了辛比尔斯克师，加伊任第一任师长，后来还由于加伊的突出表现，被称为铁师师长，后来又任第三集团军军长。

当图哈切夫斯基接到进攻辛比尔斯克的命令时，第一集团军的兵力还严重不足。这次战役是图哈切夫斯基组建第一集团军后进行的第一次大战役，也是图哈切夫斯基自己军事思想的第一次实施。按当时敌方军队的情形，第一集团军必须部署在从沃利斯到辛比尔斯克一线近 600 俄里的战线上，然而兵力又严重匮乏，和敌人死打硬拼，显然是不能取得成功的。图哈切夫斯基想“以机动保证胜利”。但是机动必须要训练有素的部队和高水平的指挥人员，要使机动取得成功，必须是“运动迅速，选择方向正确，进抵预定地区及时”，必须精确地了解自己的情况，同时必须清楚对方的实力，才能不被敌军打败，取得满意的效果。

当时图哈切夫斯基的构想是：因萨师和奔萨师必须把敌人吸引到瑟兹兰方向上来，让敌人把主力调向萨马拉防线，使辛比尔斯克的敌人兵力进行迂回和合围。合围的任务由加伊的辛比尔斯克师承担。因为辛比尔斯克师在加伊的带领下，已经过磨炼和考验，它军纪严明，作战勇敢，能较好地完成任务。图哈切夫斯基、政委、集团军革命军事委员会委员加尔宁、东线革命军事委员会委员科博泽夫，为了使进攻取得胜利，从在加伊师的那天起，他们就经常在一起察看地图，研究地形，并且乘车、骑马，有时还徒步侦察辛比尔斯克的接近地。有好几次，图哈切夫斯基险些被敌人发现，辛比尔斯克城的白卫军用探照灯来回扫射，图哈切夫斯基趴在地上一动不动，足足熬了 30 多分钟，蚊子在他脸上、手上、脚上到处游移，图哈切夫斯基咬紧牙关，硬是挺了过去。在进攻之前，司令员和加伊师长选择了炮兵阵地。一切准备工作都做好了后，战士们异常兴奋，我们一定要打胜利仗，解放辛比尔斯克。第一集团军于 9 月 12 日发动了对辛比尔斯克的进攻。辛比尔斯克守军也奋起还击，但红军机动灵活，巧妙地同敌军迂回，搞得敌军晕头转向。当天红军解放了辛比尔斯克城。辛比尔斯克的人民敲锣打鼓，庆祝苏维埃红军的胜利。他们给红军送来鸡蛋、热乎乎的绿豆汤，还给红军送来衣服、鞋子。人们的脸上洋溢着笑容。这次战役是第一集团军建立以来取得的第一次大胜利，缴获了大量战利品，大大鼓舞了战士们的士气，还从省城监狱解放了 1500 名犯人——红军战士和苏维埃的支持者。其实解放这些犯人，红军还是费了一番周折的。当红军进攻监狱的时候，守卫监狱的卫军负隅顽抗，拼死不肯缴械投降，向红军发动猛攻，红军伤亡了几十人。最后终因双方力量对比悬殊，打开了监狱的大门。

辛比尔斯克被攻克使自卫军和捷克军团气焰大减，但是他们并不甘心失败。他们加强了辛比尔斯克在伏尔加河一侧的阵地，企图重新夺取城市。伏尔加河上有一座铁桥，在经受了战斗的洗礼之后仍然完好无损。敌人开始用猛烈的炮火射击，企图过桥，但是被英勇的红军打退。他们又找来木筏，企图游到河的对岸，但是没等他们游到河中心，红军密集的子弹使得他们不敢再前进了。在保卫城市的斗争中，苏维埃红军表现得非常勇敢，尤其是国际团表现更为英勇。这个团是由第一次世界大战中的俘虏组成的，他们来自各个民族，为着共同的革命事业走到了一起，一个个陌生的面孔，彼此互不相识，然而在战斗中，他们配合默契、敢打敢杀，为国际团赢得了荣誉。

辛比尔斯克战役的胜利，不仅证明了图哈切夫斯基作为高级指挥员的卓越才干、他的军事理论在现代战争中的适应性、他个人在第一集团军中所树立的崇高的威望，同时也说明了刚刚组建起来的红军部队是能够进行大规模的、高速度的、难度较大的现代化战争的。

在辛比尔斯克战役中，第一集团军所有战士表现都非常英勇。图哈切夫斯基也表现了个人非凡的勇敢和沉着的气质。全军战士以图哈切夫斯基为楷模，使得这次战役取得了胜利。有一次，白军追杀红军到一个小车站，车站上的人惊慌失措，不知该怎么办。但是当发现图哈切夫斯基在白军进攻的枪炮声中正在配水站镇静自若地洗脸时，大家的慌乱情绪很快平息了下来，他们还为自己的胆怯逃跑感到不好意思，他们自动地分成几个小组，开始组织反击。其实图哈切夫斯基又何尝不害怕呢？他倒不是为自己的生命担忧，他是担忧战士们的安全，担忧着辛比尔斯克城，不完成任务，怎样向党组织交待呢？但是大敌当前，决不能表现出惊慌的样子，要稳住战士们的心。图哈切夫斯基在关键时刻表现了非凡的气度。

第一集团军于 9 月 12 日收复了辛比尔斯克城。在这之前的 9 月 9 日，第二集团军解放了喀山。敌人遭受了严重的损失。莫斯科外围的第一道防线巩固了。

1918 年 9 月 12 日，东线总指挥发出命令，进攻塞兹兰——萨马拉。第一集团军在这次战役中承担了最重要的任务。为加强第一集团军的力量，把第四集团军的伏尔加师和受该师指挥的伏尔加河舰队转归第一集团军指挥，协助第一集团军作战，它的任务是打击沿伏尔加河左岸到萨马拉的两个旅的敌人。参加这次战役的红军有 16 000 人，61 门炮、263 架机枪、7 辆装甲车、7 艘军舰。从这些装备上可以看出红军对这次进攻的重视。这次战役，红军的兵力、武器装备都明显优于敌军。但是，红军不敢妄动，不能掉以轻心。这次战役按图哈切夫斯基的意图，主力是加伊领导的辛比尔斯克师，它将插入敌人的后方，占领伏尔加河上的亚历山大桥，使大桥与萨马拉郊区的白军分开，而因萨师和奔萨师及伏尔加师从西和南两个方向同时进攻塞兹兰。先吃掉塞兹兰，再回师萨马拉。他还建议把自己的指挥所移到塞兹兰，遭到了反对。把指挥所移到塞兹兰，这无异于坐在敌军的炮筒上，然而图哈切夫斯基坚持自己的观点，他认为那样做可以掌握全军、统帅全局。

1918 年 9 月 14—26 日，是塞兹兰—萨马拉战役的第一阶段。当时的萨马拉师还没有投入全部力量，战役进行得很慢。敌军在南部试图死命保住这条伏尔加河防线。敌人在通向塞兹兰的途中，设置了强大的防御力量，并进行了拼死的反抗。9 月 28 日，战役发生了决定性的转变。担任主攻任务的辛比尔斯克师，为加速进攻，抽调 2 个先遣团——温捷布斯克团和第二奔萨团。从 9 月 28 日到 10 月 1 日，它实现了 200 公里的大转移，出乎敌人意料地出现在塞兹兰的西北，完成了从北面包抄敌人的意图。同时图哈切夫斯基还决定，经过伏尔加河输送第二辛比斯克旅，让它进入距萨马拉 60 公里的斯塔夫罗波尔。图哈切夫斯基的迅速运动的战略包抄，预示了塞兹兰战役的结局。敌人在强大的合围之下决定撤向萨马拉，而这时在敌人后方的萨马拉师的国际团开始向铁路沿线的敌人冲击。敌人只能用战斗打开退路。而在此时，辛比尔斯克师的一个分队已于 10 月 3 日占领了亚历山大桥。逃跑的敌人只能乘坐木筏和小船仓皇向河对岸逃跑，他们之中有大部分被辛比尔斯克师的战士击毙。

在 10 月 3 日的同一天，因萨师粉碎了塞兹兰以西的敌人，而加伊领导的辛比尔斯克师也取得了辉煌的战果，它成功地粉碎了塞兹兰以北和东北的敌人。红军开始了合围并很快攻打到塞兹兰城下。在攻城的协同作战中，伏尔加河舰队从南部攻入了城市，解放了塞兹兰。在解放塞兹兰的战斗中，图哈切夫斯基运用高速的运动战成功地领导了对塞兹兰的攻击。在城郊的战斗中，红军英勇向前拼杀，白军且战且退，最后抵不住红军战士的进攻，被红军击毙3000人，受伤人数占总数的1/3。塞兹兰的胜利再次证实了图哈切夫斯基卓越的军事才能。

同时，塞兹兰被攻克也促进了敌人的瓦解。一些白军士兵看到图哈切夫斯基对俘虏的从宽政策，都开始钦佩他。白军士兵常常几个人在一起谈论战斗的正义与否，谈论白军军官的欺诈、蛮横、不讲人情，抵抗情绪降低了。而在敌人后方，广泛的游击运动也开展起来了。农民纷纷加入游击队，一部分由于不满捷克斯洛伐克军团的所为而起义的士兵也加入了游击队，他们有的几人，多则几十人，袭击白军小股部队，屡屡得手，减轻了红军大部队的压力。在白军占领的城市中，也纷纷爆发了工人武装起义。

图哈切夫斯基率领各部队在攻陷塞兹兰以后，迅速开往伏尔加河湾地带，对萨马拉形成合围之势。第四集团军的左翼开始从西南攻城，萨马拉的解放已经为时不远了。

在萨马拉城内，工人纷纷举起起义的大旗，袭击白军，配合红军作战。1918年10月7日，萨马拉获得解放。这样，在共和国具有决定意义的东方战线上已经有了转机。共和国的主要交通渠道——伏尔加河水路畅通了。在察里津作战的红军战士们经过多次激战之后，于10月下旬也转为全线进攻，迫使敌人向顿河溃退，彻底粉碎了反革命势力占领察里津的企图。

在萨马拉解放以后，图哈切夫斯基把自己的司令部从帕伊恰尔姆搬到了塞兹兰。这是自有军事行动以来，集团军司令部第一次没有设在露营地，而是迁进了设备齐全的市政大楼内。军长和司令部工作人员也搬进了舒适的寝室中。尤其使图哈切夫斯基高兴的是，室内有遗留下来的巨大图书馆，馆内藏书丰富，军事书籍尤其多。这使图哈切夫斯基异常兴奋。按理说，他需要休息一下了。但是他又埋头于新的进攻的准备工作中。在繁忙的工作中，他还挤时间完成了在当时看来非常重要的军事理论著作《民族和阶级战略》一书。在书中，他提出了总结国内战争的经验问题，他还详细地总结和研究了辛比尔斯克和塞兹兰一萨马拉战役，他力图从政治方面总结这两次战役。

1918年11月7日，对图哈切夫斯基来说是一个值得纪念的日子，在伟大的十月社会主义革命第一周年纪念日这一天，集团军在塞兹兰进行了军事检阅。集团军司令员和革命军事委员会成员卡尔宁、莫德维杰夫检阅了队伍。红军战士和各级指挥员穿着发给的制服和擦得锃亮的旧皮靴。队列笔直，战士个个精神抖擞，看得出是集团军严格的队列训练的成果。他们是在广场上进行这次庆祝活动的，不仅仅是庆祝革命胜利一周年，还庆祝第一集团军的光荣与取得的胜利。在苏维埃共和国，第一集团军的名声已誉满全国。尤其是图哈切夫斯基的名字更是家喻户晓。全体战士和指挥官都为自己的军、为自己的军长感到自豪。图哈切夫斯基的家乡，更因为有这个光荣的儿子而骄傲。图哈切夫斯基没有忘记家乡父老，在百忙之中也要抽空给家里写封信，哪怕只有几个字，以表达他的思乡之情。妹妹索菲娅曾在战斗中来前线看望哥哥和全体官兵。妹妹带来了哥哥爱吃的红薯，还带来了两双布鞋。当时图哈切夫斯基正指挥萨马拉战役，没和妹妹说几句话，就急匆匆地指挥战斗去了。妹妹理解哥哥的心情，他爱他的部队，爱他的家乡，更爱他的祖国的和平。妹妹索菲娅含着泪悄悄地走了，她为有这样一位军人哥哥而感到自豪。

广场检阅之后还举行了授奖仪式。图哈切夫斯基、加伊和其他红军将领被授予刻有名字的金表。许多优秀的指挥员和战士被授予珍贵的纪念品，全军将士沉浸在一片胜利的喜悦之中。古比雪夫和各位将士亲切地握手，向他们表示祝贺。每个人的脸上都洋溢着幸福的微笑。

可以说第一集团军是图哈切夫斯基亲手组建和培养起来的，它由最初的不成熟到发展成为能适应现代化战争的战斗力很强的正规化军队，这倾注着图哈切夫斯基的心血与汗水，第一集团军是他的亲人，是他的骨肉。

1918 年 11 月，图哈切夫斯基被召回莫斯科，共和国革命军事委员会任命他为南方战线副总指挥。图哈切夫斯基内心一阵绞痛，他怎么舍得离开他的患难与共的第一集团军呢？他怎么舍得离开他的情同手足般的兄弟们呢？然而南方战场上更需要他，需要他这个共和国卫士。

1918 年夏天，在伏尔加河下游、顿河下游地带和北高加索，活动着两支反苏维埃政权的力量，一支是白卫志愿军，另一支是克拉斯诺夫的哥萨克部队。这两支军队战斗力强，对他们经常发动进攻，对苏维埃政权构成很大的威胁。

1918 年 9 月，克拉斯诺夫的哥萨克军队对察里津和沃罗涅什的进攻加强，苏维埃政府决定建立南方战线。从 10 月中旬起，克拉斯诺夫的顿河哥萨克军队的攻势加强，沃罗涅什和别尔格罗德受到威胁，这里是通向莫斯科的外围防线。在北高加索一带，邓尼金的志愿军也嚣张异常。在诺沃罗西斯克、塞瓦斯托波尔和奥德萨，英法干涉军也开始登陆。在严峻的现实面前，苏维埃共和国决定，把武装斗争的重点，从东线转到南线。图哈切夫斯基正是响应了俄共（布）中央的号召，开赴南方战线为副总指挥。

1919 年 1 月 4 日，图哈切斯基给第一集团军下了最后一道命令，他在命令中把指挥权交给加伊的同时，回顾了第一集团军的光荣战斗道路。在命令的最后他写道："我将带走全体红军战士和全体亲密助手对我的情谊。令我欣慰的是，在其他战线上我将同样高兴地、经常地听到我们亲爱的常胜的党，以及它领导下的英勇的指挥员的胜利消息。前进！同志们！"

1918 年 8 月 30 日，在东方战线取得节节胜利的时候，反革命分子组织了对革命领袖列宁的暗杀。这天晚上，列宁在米赫里逊工厂（现在为弗拉基米尔·伊里奇工厂）向工人发表演说。他号召工人用全力去反击捷克斯洛伐克军。当列宁演讲完毕走近汽车时，社会革命党恐怖分子卡普兰向列宁开了枪，使他两处受了重伤，子弹是上了毒药的，列宁的伤势很重。前线的战士一听到这消息，义愤填膺，他们胸中燃烧起向敌人复仇雪恨的烈火。收复辛比尔斯克的东线战士，拍电报给列宁说："亲爱的弗拉基米尔·伊里奇！收复您的故乡，这是我们对您这次受伤给敌人的回答，下一个将是萨马拉。”

列宁在复电中表示：“我的故乡辛比尔斯克的收复，是包扎我的伤口的一条最有效的最好的绷带。我顿时觉得精神极好，力量骤增。我祝贺红军战士的胜利，并代表全体劳动者对他们付出的一切牺牲表示感谢。”

是的，正是在列宁同志的鼓舞下，在图哈切夫斯基的带领下，红军战士取得了一个又一个的胜利，解放了一座又一座城市，给反革命力量以沉重的打击。

新的任命

1918年末，图哈切夫斯基接受南方战线副总指挥的任命。当他到达南方战线时，红军已经开始组织了对克拉斯诺夫顿河军的反攻。2月，保卫察里津的第10集团军也开始进攻，这样，在南方猖獗一时的克拉斯诺夫的顿河军终于被南方战线的联合兵力所击溃。在粉碎沃罗涅什之南的顿河军之后，强大的第8、9集团军已从北向南推进。卡任弗尼柯夫集群对白军哥萨克发动的进攻也已经开始。

作为南线副总指挥的图哈切夫斯基很快地投入到新的工作中来。他观察研究这里的地形，敌军的兵力部署，敌军的战斗能力。攻克敌军的计划在他的脑子里逐渐形成。然而，没过几天，他就发现，他的作战计划经常不被采纳。别人把他的话当成耳旁风。他自己也只是一个别人作战意志的执行者。他感到很苦闷。在东方战线上，他总是处于军事指挥的领导地位。他的作战计划常常左右整个东方战线的作战进程。他想念他的第1集团军，想念他在东方战场上叱咤风云的日子，想念他的患难与共的兄弟们。

想起这些，他这位七尺男儿也禁不住落泪了。

机会终于来了，第8集团军军长由于新的任务离开第8集团军，图哈切夫斯基便主动要求担当第8集团军军长。他的这一要求马上得到同意，1919年1月24日，图哈切夫斯基任第8集团军军长。尤其使他高兴的是，因萨师这时已被调到南方战线，并正好在他的管辖之下。因萨师由拉塞斯领导。这支队伍纪律严明，英勇善战，多次受到表扬。图哈切夫斯基对这支队伍比较熟悉。因此它也就成为第8集团军的主力。

第8集团军按战线总的进攻方向开始进攻。它的野战司令部处于进攻部队的最前沿。第8集团军出师顺利，一路过关斩将，乘胜追击，到1919年1月末，集团军已到达顿河并占领了维申斯卡娅镇。在进攻维申斯卡娅镇的时候，集团军也遇到了小小的麻烦。白军头领实行宁死不投降政策，把复仇的子弹射向了红军。红军向白军发动猛攻，白军头目被击毙。白军见头目已死，纷纷缴械投降，也有部分白军逃跑。第8集团军决定跑步前行，强行渡河，力图向南扩大战果。到1919年2月初，第8集团军处于不利的战斗地位。因为这个时候同红军交战的已经不仅仅是溃不成军的克拉斯诺夫的白军了。邓尼金的“志愿军”也参加了战斗。这支“志愿军”是由军官和士官生组成的，他们对苏维埃政权极其仇视，曾下定决心，推翻苏维埃政权，恢复自己的统治。他们受过专门军事训练，战斗力极强。所以，第8集团军遇到了障碍。

红军总司令2月1日对南线红军提出的任务是：在粉碎克拉斯诺夫顿河军之后，要占领维尔希诺和顿河中游地带，再进一步进攻诺沃切尔卡斯克和顿河罗斯托夫，以反击邓尼金的军队。根据这一命令，直接进攻顿巴斯的第8集团军在整个进攻中作用是非常关键的。图哈切夫斯基很想摆脱第8集团军的困境，加强它的右翼卡任弗尼柯夫集团军的力量。但是南线司令员盖吉斯没有对局势作出正确的分析，第8集团军受到的压力增大，它的右翼也受到了严重的威胁。图哈切夫斯基在给国防委员会主席列宁的报告中写道：“南线……引起更大忧虑的，不仅在于敌人在这里拥有压倒的力量，而且在于我们的极端混乱和无能。”

图哈切夫斯基并没有被这种困难的环境所吓倒，他运用了他所积累的全部经验，并帮助所属的指战员发挥能动性，运用局部进攻方法。例如拉罗塞斯师经常派出由十几个人组成的小股部队，由于数量少，不易被敌军发现，他们行动灵活，经常钻入敌人后方。在前方部队开始进攻之时，他们从背后打敌人一个冷不防，把敌人搞得晕头转向，以为四面受敌，战斗力减弱。他们有时还炸毁敌军铁轨、桥梁、电报局等，切断敌军电线，破坏敌军的交通、通讯设施，使他们不能正常工作，扰乱了敌军的军事行动。他们还成功地阻截了白军的运输粮队，使红军获得了粮食、面包。

1919 年 2 月 24 日，当第 8 集团军接近北顿涅茨河的时候，图哈切夫斯基命令大家为了苏维埃奋力作战，力求在流冰开始之前占领卡缅斯卡娅和乌斯季别洛卡·利特文斯卡娅附近的那些桥梁，使其遭到破坏，阻击敌军前行的道路。2 月 26 日，图哈切夫斯基又下达了更为详细的命令，第 8 集团军的任务是：坚决逼近敌人，至迟在 3 月 3 日前抢占顿涅茨河的各渡口，右翼部队以快速猛攻拿下卡缅斯卡娅附近的桥梁和波格达诺夫附近的渡口。给因萨斯的任务是：在古谢利希科夫将军部队的侧翼和后方行动，与第 9 集团军保持密切联系，坚决进攻乌斯季别洛卡利特文斯卡娅渡口的退路。3 月 7 日，他发出最后一道命令："拂晓开始坚定完成我的总攻命令。"第 8 集团军和第 9 集团军共同合作，强行通过了北顿涅茨河，顺利进入了拉哈亚镇。红军取得了小小的胜利。然而在北顿涅茨河右岸作战的红军已经疲惫不堪。敌人组织了大规模的反抗，使得红军无力攻击敌军。

再看一下大环境，1918年11月，第一次世界大战结束，德国被迫按照协约国的条件在停战协定上签字。11月13日，全俄中央执行委员会宣布废除布列斯特条约。列宁关于掠夺性的布列斯特和约不会长久存在的预见完全得到了证实。

德国的失败对于苏维埃国家来说固然有其有利的一面，但也有其不利的一面，这就是协约国现在可以加强对苏维埃国家的武装干涉。1918年11月18日，协约国宣布盘踞在西伯利亚鄂木斯克的海军上将高尔察克为“俄国最高执政者”，俄国所有一切反革命势力都受他的节制。高尔察克原为俄国海军上将，曾任沙俄黑海舰队司令。十月革命以后，高尔察克于1918年10月同英国将军诺克斯一起抵达鄂木斯克，在那里建立了“西伯利亚政府”。1918年11月4日，高尔察克成为“西伯利亚政府”陆海军部长。在高尔察克听令于协约国的同时，英、法还把军舰开进黑海，并在敖德萨和南加索一带登陆。苏维埃政府对武装干涉再次提出抗议，并向协约国提议缔结和约，但是各协约国政府对苏维埃的建议不理。苏维埃人民不得不同国内外敌人进行长期艰苦的战争来捍卫社会主义祖国的独立。为了集中全国一切人力和资源来粉碎武装干涉者和白卫分子，1918 年 11 月 30 日成立了以列宁为首的工农国防委员会。

苏维埃国家是在敌对力量包围中孤军作战，它的资财已经消耗殆尽，而战争又要求动员国内一切人力物力来为粉碎武装干涉者和白卫分子的任务服务。为此，苏维埃政权实行了若干临时性的非常措施。由于俄共（布）和政府采取了许多措施，由于劳动人民以自我牺牲的精神支持这些措施，就使红军抵抗住了武装干涉者和白卫分子的进攻。协约国为了减轻南方战线的压力，命令在东方战线北段的高尔察克部队向莫斯科发动进攻。防守这一带的红军第 3 集团军由于司令部的领导不力和其他原因，经受不住敌人的打击，1918 年 12 月 24 日被迫撤出皮尔姆。皮尔姆的陷落造成了极为严重的局势。1919 年 1 月，俄共（布）中央和国防委员会派由捷尔任斯基和斯大林组成的中央调查委员会到东线去挽救这个危机。

当时正在南方战场北顿涅茨河作战的图哈切夫斯基认为，南线的危机形势已暂时没有了，他向共和国革命军事委员会提出请求，把他调回东线。1919 年 3 月 15 日，图哈切夫斯基交出第 8 集团军的指挥权，然后动身前往莫斯科。图哈切夫斯基这次离开南线战场的请求，是有他的个人原因的。南方战线总指挥盖吉斯和图哈切夫斯基的意志总是存在着分歧，这不能不影响图哈切夫斯基的部下如拉塞斯师长的军事行动。图哈切夫斯基为能返回东线战场而高兴。东线，有他熟悉的军官战士们，有他熟悉的一张张面孔。然而，东线所处的环境却是不容乐观的，可以说第 5 集团军的处境非常危险。这个军在抵御高尔察克凶猛的进攻中人员损失已近半数。它的 26 师和 27 师及独立大队防御着本军广大的前沿阵地。而高尔察克的西方面军的第 2、第 3 军团精神饱满，战斗力强，有猛虎下山之势。第 5 集团军由于长期的失利和退却已使红军战士们精神沮丧，意志消沉。由于指挥人员不足，在混乱之中，第 5 集团军不断向伏尔加河退去。然而更为可怕的是它失去了同右翼加伊领导的第 1 集团军的联系，从而在第 1 集团军和第 5 集团军之间形成一个大裂口，高尔察克可以突破裂口，从北面包抄第 5 集团军，而且第 5 集团军的阵地到卡马河之间差不多有 150 公里成为不设防地带。图哈切夫斯基接替了勃留姆别尔格进入了指挥岗位。他了解了目前第 5 集团军所处的窘境，他认为首要解决的问题是制止部队退却和恢复第5集团军的战斗力。然而在短时间内恢复战斗力是谈何容易的事?图哈切夫斯基挖空心思，绞尽脑汁，决定找部队的政治委员商量商量。政治委员们早对图哈切夫斯基佩服得五体投地，他们下定决心帮助图哈切夫斯基。

还有一件特别紧迫的事情，那就是必须阻止白卫军在萨马拉主攻方向上的推进。图哈切夫斯基觉得应该在萨马拉—乌法方向上实行反攻，以便于在反攻中堵塞裂口，如果这样做，必然会与敌人发生正面冲突，而当时敌人正处于嚣张时期，反攻有可能暂时击退敌人，但第5集团军现在的战斗力也是强弩之末，非但不能最后消灭敌人，有可能敌人来个再次反攻，到那时，红军可就是毫无退路可言了。图哈切夫斯基心烦意乱，自己肩上的担子这么沉重，怎样才能解决燃眉之急呢?当时，防御在东线南翼的有第1、第4、第5和土尔克斯坦4个集团军。其中负责协调第4集团军与土尔克斯坦集团军军事行动的第4集团军司令员伏龙芝的建议得到了东线总指挥谢·谢·加米涅夫、军事委员谢·伊·古谢夫及共和国革命军事委员会的支持。其具体建议是：在战线的南翼，集中强大的集群，对敌人的右侧防线实行强大的攻势，以摧毁敌军右翼防线。伏龙芝被任命为南方集群司令员，古比雪夫被任命为军事委员。正是这样一次改组能使图哈切夫斯基成为伏龙芝的下属和战友。

这里简单介绍一下伏龙芝。从青年时代就开始了革命活动的伏龙芝，走过的是一条一个职业革命家所经历的严酷的生活道路。他的世界观是在深入钻研马克思主义奠基人著作的基础上形成的。他是弗·伊·列宁的忠实的、可信赖的学生和继承人，是一位学识渊博的马克思主义者。

伏龙芝的突出特点是严于律己，善于随时随地学习。无论是在搞地下工作时，还是在街垒战壕里，无论是在服苦役和流放中，还是在担任苏维埃和党组织领导时，无论在指挥集团军和方面军时，还是在完成外交使团任务中，以及在领导陆、海军人民委员部的工作中，他都孜孜不倦地学习。无论党派他到哪里去，他都能以满腔的热情，献出自己的才智和力量，服务于人民。

在1905—1907年，二月资产阶级民主革命和伟大十月革命的日子里，米哈伊尔·瓦西里耶维奇和他都是工人群众在革命阶级斗争中的杰出的组织者和领导者。

在国内战争和外国武装干涉的年代里，红军所取得的光辉胜利是和伏龙芝的名字紧密联系在一起的。他在统帅战斗的历程开始后，在东方战线的最初的几次战斗和战役中便表现出了一个军事将领的卓越天才。

伏龙芝在图哈切夫斯基眼里，是新型统帅的楷模，是他学习的榜样。由于同为军事天才，他们谈话很投机，都深深理解对方的谈话、心情。在南方集群里，图哈切夫斯基感到很快乐、幸福：在第 1 集团军中，不仅有他所熟悉的一切，他还能与古比雪夫共事，这是他感到很荣幸的事。而且命运又把他和伏龙芝联结起来。他们既是图哈切夫斯基的老师，又是他的可信赖的朋友。在他们的熏陶帮助下，图哈切夫斯基的政治视野更加开阔了，使他越来越下定决心为苏维埃的事业而奋斗终生。他很感谢这些人对他的帮助，感谢他们使他在苏维埃社会主义的道路上越走越开阔。

当 1919 年 4 月图哈切夫斯基接管第 5 集团军最初的十几天内，布古鲁斯兰就遭到了高尔察克的猛烈攻击。眼看着它就要摇摇欲坠了。正在这关键的时刻，伏龙芝尽其所能帮助第 5 集团军，并对防卫工作提出不少好的建议。

为了作好一切战斗准备，图哈切夫斯基对第 5 集团军进行了调整。第 5 集团军中一批优秀的指挥人员和政工人员积极地帮助图哈切夫斯基，他们尊敬和拥戴这位新军长，喜欢和他讲话，喜欢他的幽默，喜欢他的果断的办事方式。总之，图哈切夫斯基获得了大家的认可。

图哈切夫斯基来到第5集团军后，还意外地遇见了他过去在士官学校的长官卡维林。卡维林长官高高的个子，不胖不瘦，经常戴着他那副金丝边眼镜。图哈切夫斯基在学校读书时，卡维林长官就对他有着特别的感觉，觉得他思想独特，办事严谨，有着军事家的气质和风度，对他另眼看待。在图哈切夫斯基毕业时，卡维林发给他毕业证书时曾紧紧握住他的手，预祝他在以后的人生旅途中实现他的理想。图哈切夫斯基没有辜负这位长官的期望，在短暂的时间里，成为威震全国的名将。同时使图哈切夫斯基异常兴奋的是，当年的卡维林长官现已成为革命营垒中的一员，并且为维护苏维埃政权作出了贡献。

图哈切夫斯基意识到，要提高部队的战斗力，必须先要有一个素质很高的干部队伍。然而高质量的干部队伍到哪里去找呢？现实条件是严酷的，又不能开设专门学校，对干部进行培养，只有在战争中、在实践中培养了。图哈切夫斯基还认为，第5集团军应该培养“自己的、共产党员的指挥人员”。他说：这些指挥人员“不仅仅坚决果断和富有创造精神，而且作为共产党员是可以深入到红军战士中的人，是在战斗中能自觉领导部队不断前进的人”。

图哈切夫斯基不愧为坚定的马克思列宁主义者，他的这些要求恰好是党和列宁的要求。在拟定建设新的、社会主义军队的方案时，图哈切夫斯基坚定不移地执行着列宁的军事路线。图哈切夫斯基还建议下级的指战员应有许多能够提到负责的岗位上来，发挥他们的长处，调动他们的积极性，还为他们组织短期培训班。到1919年4月，通过图哈切夫斯基的努力，也通过各级指战员的共同努力，第5集团军的战斗力已明显好转。

1919年4月12日，俄共（布）中央和列宁亲自拟订了东方战线红军作战的战略计划，号召全国、全党动员一切力量去粉碎高尔察克，解放伏尔加河、乌拉尔、西伯利亚。

图哈切夫斯基太想参加战斗了，太想把白卫军打得一败涂地了，只是由于军队的战斗力不高，进攻的工作没有准备好，才一拖再拖。图哈切夫斯基内心十分着急！机会终于来了。军队进攻的工作准备就绪，列宁的一声号令，使图哈切夫斯基获得了无穷的力量和动力。为了打有把握之仗，为了不辜负党和列宁的重托，他不断给自己增加压力，同集团军革命军事委员们一起工作，探讨某次战役的得失以及从中吸取的经验教训。他还经常到战士们中间去，了解他们的思想、心情，帮助他们提高必胜的信心。战士们见图哈切夫斯基和蔼可亲、平易近人，都愿意并抢着和他说话，竟然忘记了是领导和被领导的关系。有一个小战士，刚到前线不久，免不了想念父母、想念家乡的亲人。图哈切夫斯基一有空就去看望他、安慰他、鼓励他坚决跟着布尔什维克党走，为维护苏维埃政权而奋斗。小战士倾听着图哈切夫斯基的话语，仿佛增添了无穷的力量。

敌军的兵力在乌法—萨马拉一线损耗较重，而且在西方面军第 3 军团和第 6 军团之间形成了一个裂口。这是进攻的一个极好的机会。南方集群司令员伏龙芝决定，在敌人没有充分作好准备时开始反攻，打它个冷不防。伏龙芝把最重要的任务交给了第 5 集团军。第 5 集团军必须参加主攻方向上的反攻。反攻的主力是第 26 师和第 25 师。这两个师将从西南和西面两个方向向布古鲁斯兰进攻，并协同从南方进攻的兄弟部队一起粉碎白军的布古鲁斯兰集群。处于第 5 集团军左翼的第 27 师必须攻击沿伏尔加河到布古鲁斯兰铁路一带的高尔察克军，牵制它的兵力并从北面包抄布古鲁斯兰集群。

经过精心策划，1919 年 4 月 24 日，南方集群司令员下达了进攻的命令。4 月 28 日，布古鲁斯兰战役开始。正当主要进攻力量从南和东两个方向包围敌军之际，图哈切夫斯基的右翼从西面对敌人进行猛烈的攻击。西面恰恰是第3、6军团的裂口处，亦即敌军最害怕的地区。5月4日，进攻部队冒着敌人密集的火力，进入了布古鲁斯兰镇。“在3月和4月间困难的防御战中，不间断地退却和精疲力竭的第5集团军战士，已得到真正的再生，红军战士现在有的是战斗的情绪，是胜利鼓舞了他们的信心。”

正当图哈切夫斯基的集团军右翼不断进攻的时候，在集团军左翼和联军负责的中心地带，白卫军第2军团在继续压迫27师部队，使其向辛比尔斯克方向上后退。然而高尔察克的第2军团是一支战斗力较强的部队，他们是抱着和苏维埃政权决一死战的目的来参加战斗的。他们不断向27师部队发起进攻，逼迫27师向辛比尔斯克方向上撤退。白军还于4月26日向谢尔盖耶夫斯克发起进攻，并于当日占领了谢尔盖耶夫斯克。并通过这里向西南方向推进，也就是向第5集团军的侧翼和后方推进。这样，全部的南方集群与萨马拉之间的交通要道都处在它的直接威胁之下。为了扭转形势，东线南方集群经过商讨，决定改变主要打击方向，把打击方向指向北方，而不是向东北方发展进攻。这就对谢尔盖耶夫斯克集群的交通线构成威胁，迫使他们从第 5 集团军的地域上撤退。

伏龙芝根据新的形势，对第 5 集团军提出了新的要求：实现粉碎白军在布古鲁斯兰地区的实力，并消灭敌军谢尔盖耶夫斯克和布古里姆集群。为此，第 5 集团军右翼必须从布古鲁斯兰向布古里姆西南方向推进，以切断敌人的后退之路。

图哈切夫斯基领导的第 5 集团军阵地成为会战的主要战场。伏龙芝发出命令，南方集群所有的后备部队都要听从图哈切夫斯基的指挥。图哈切夫斯基重新协调了本军同其他兄弟部队的协同行动和布防，其中包括恰巴耶夫的第 25 师。结果，第 5 集团军的力量增加了一倍，它成为粉碎敌人西方方面军的主力。土尔克斯坦集团军和第 1 集团军用推进到别列别伊的战斗行动来从东面策应第 5 集团军。

由于布古里姆的敌人沃依采霍夫西方方面军不断后退，他们的战线就越来越密集。而第 5 集团军只有兵力 22 000 人，红军方面兵力严重不足。怎样用少量的兵力战胜庞大的敌军呢？而且敌军的指挥人员比较有经验，军队的素质也比较高。图哈切夫斯基同时也认识到：苏维埃红军并不一定会打败仗，因为战士们有着为祖国而战的高度的政治觉悟和战场上的主观能动性，不怕牺牲，英勇善战，所以战胜敌人也并不是太难的事情。

图哈切夫斯基根据东线南方集群司令的训令，决定坚持布里姆这一进攻的总方向，同时注意应从南和西两个方向打击敌人的侧方，包抄西方方面军，最后在布古里姆把敌军包围并歼灭之。他命令，第 25 师应尽全力从布古鲁斯兰进军到布古里姆西南的德姆克镇，切断敌人退向布古里姆之路。同时，第 27 师和第 35 师的一些旅必须坚决地向布古里姆发动强大攻势，而处于中心地带的第 26 师和第 2 师，要在布古里姆西南这个方向上发动进攻。

东线南方集群原决定战役开始于 5 月 6 日，但是应派给的增援部队还未到达，这可急坏了图哈切夫斯基。我军在双方数量上不占优势，敌军又如此的凶残狡诈，如此再拖延下去，一定会把我军拖垮。必须采取新的行动了。军长皱紧眉头，决定成立突击队。他写道："由于即将来临的战役的突然性，我命令全体突击队员要发挥最大的勇敢精神，并立即用最大力量投入战斗。同时要不放松后备队，师的主力要集中掌握，要给敌人以决定性的、毁灭性的打击。"

事态正向好的方向发展。在第 5 集团军的英勇拼杀之下，红军取得了布古鲁斯兰—布古里姆战役的胜利。东线南方集群伏龙芝和库伊贝伊杰夫等领导人高度评价了第5集团军。对图哈切夫斯基的卓越军事艺术给予高度评价。图哈切夫斯基——作为一名年轻的军事家、战略家，坚定的共产党员的名字更是家喻户晓，人们纷纷谈起他，他更是年轻人心中的偶像，每个人都以知道他的消息、知道他的近况而自豪。

由于图哈切夫斯基卓越的军事领导,由于第5集团军的英勇善战,第5集团军成为东线同高尔察克战斗的主力军。

敌人的西线的失败加速了南方集群及整个东线反攻的进程。伏龙芝决定，利用这个时机，扩大胜利果实。他用土尔克斯坦集团军和第1集团军的主力在别列别伊—乌法方向上展开了进攻。为加强在别列别伊方向上的打击力量，伏龙芝命令第5集团军的第2师和第25师参加总方向上的进攻。5月20日，所有集团军全部转入进攻。经过一个月艰苦的奋战，乌法地域的敌人几乎完全被歼。乌法战役胜利之后，又开始了争夺乌拉尔的战役。6月26日，第5集团军战士全线出击。在主要方向上，第26师和第27师的部队强行通过乌法地区并扫除了敌人在白河左岸的工事，打击了敌人伏尔加军团和乌拉尔军团的第一梯队。之后，第5集团军顺利接近了乌拉尔山。7月5日，东线第

26 师沿比尔斯克大路逐渐接近了 A.B 帕夫洛夫的第 27 师，粉碎了乌拉尔兵团。然后他们又接受命令及时赶去援助了第 26 师第 1 旅。先头部队第 240 团不停地向敌第 4 师发起了攻击。敌人的后备兵团在红军 7 月 2 日至 6 日的包抄打击下崩溃了。

敌军企图在阿伊河地域以阿伊河为屏障组成防线阻止第 5 集团军的进攻，守住兹拉托乌斯特。但是，敌人的诡计没有逃过图哈切夫斯基锐利的双眼，没给敌人以喘息之机，第 5 集团军很快形成两只拳头，于 7 月 10 日开始了兹拉托乌斯特战役。红军英勇的进攻很快突破了敌军阿伊河上的防线，从北和南两个方向很快向城市接近。红军的进攻速度是完全出乎敌人的意料的。红军真如天兵神将。7 月 13 日，红军从三个方向冲入兹拉托乌斯特。兹拉托乌斯特战役的胜利是一次辉煌的胜利。在这次战役中，红军抓到了 3000 余名俘虏，缴获了各种武器、装甲车、铁甲汽车，还有 600 节车厢和高尔察克军的重要的粮食仓库以及数量很大的生铁和钢、煤、铜等等，同时攻克兹拉托乌斯特也预示着乌拉尔战斗的结束。

在兹拉托乌斯特战役之后，继之而来是发动对车里亚宾斯克和特罗伊茨克的进攻。红军的连续胜利已使高尔察克捶胸顿足，他要不惜任何代价阻止红军通过西伯利亚大平原。为了阻止红军向平原推进，他在车里亚宾斯克设置了兵力，准备与红军决一死战。车里亚宾斯克处于通向西伯利亚平原的关键地段，因此这次战役是非常关键的。白军的将领们也是绞尽了脑汁，他们打算制造假象，引诱红军进入车里亚宾斯克的大凹地，趁红军不注意打击侧翼并围歼红军，到那时红军就成了瓮中之鳖，束手就擒。在消灭图哈切夫斯基的第 5 集团军之后，白军企图转入总反攻，把苏维埃红军逐出乌拉尔。他们计划以第 3 军为主进攻第 5 集团军，以第 3 军打头阵，与红军决一雌雄。

图哈切夫斯基并没有忽视白军的力量，在战役开始前也补充了自己的力量。在困难的条件下，苏维埃共和国为保证东线的胜利做了一切力所能及的工作，大批共产党员和工会会员参加红军。乌拉尔的工人也痛恨白军，希望红军打胜仗，他们志愿加入红军，壮大了红军的力量。第 5 集团军同时还合并了其他军的部分力量，第 5 集团军到现在为止人数已达到 3.2 万人，还有 100 门炮和 713 挺机枪。该军第一次在数量上超过了敌人。

7 月 23 日，第 5 集团军战士用半环形之势包围了车里亚宾斯克。次日的清晨，第 27 师 243 伏尔加团和 242 彼得格勒团冲进城市。这时城市已被起义的车里亚宾斯克工人所掌握。白军按计划行动，他们没有进行很大的抵抗就撤退了，他们推算，第5集团军可能跌入车里亚宾斯克这个陷阱。但是，英勇的第5集团军不但使白军的阴谋破产，而且使白军受到合围的威胁，在几天的激烈的战斗中，白军伤亡惨重。第5集团军于7月29日在车里亚宾斯克以北发动强大进攻。8月4日，解放了特罗伊茨克。至此，高尔察克的战线被分割成几段。白军第1、2、3军团的残部退到了西伯利亚，南方集群退到了土尔克斯坦。

至此，解放乌拉尔的战斗以攻克车里亚宾斯克而结束。第5集团军在此次战役中再次立下了汗马功劳。

可以说，图哈切夫斯基领导第5集团军为苏维埃共和国取得了一个又一个的胜利，图哈切夫斯基和第5集团军受到了表彰。但是在胜利的喜悦之余，等待着战士们的是战斗。要想彻底地消灭高尔察克，还须进行战斗。

一个艰难的战役又开始了，红军组织了库尔干—鄂木斯克战役。在车里亚宾斯克附近遭到沉重打击的白军，撤过托博尔河之后，企图组织一些抵抗和反击。由于在第5集团军右翼和左翼之间存在一个大的缺口，这个缺口是由于第1集团军在奥尔斯克方向上作战的进攻速度慢了一些而导致的。到了1919年的春末之季，红军已由于在战斗中推进了近500公里、渡过条条江河、翻越乌拉尔山、穿过辽阔的西伯利亚平原而疲惫不堪，武器装备极其匮乏，一切都处于不利和困难之境地。

但是，当时东线司令员奥利德罗格不顾红军的种种困难，再次下达进攻的命令。这次进攻无论是物质还是组织准备都非常不充足，红军处于非常不利的地位。这时候白军却不断得到从美国、日本和协约国那里运来的大批武器、弹药，他们还动员了西伯利亚的哥萨克，组成了哥萨克骑兵部队。可以见得，红军的形势是非常严峻的，但红军的进攻仍在继续。为了攻占彼得罗巴甫洛夫斯克，第5集团军选择了两条路线，一是从兹韦林诺戈洛夫斯卡亚至彼得罗巴甫洛夫斯克的驿站，二是库尔干至彼得罗巴甫洛夫斯克的铁路。然而与此同时，白军第3集团军已组织好对第5集团军右翼的袭击。9月2日，白军发起进攻，敌伏尔加集群、第2乌拉尔骑兵军和道莫热罗夫将军指挥的哥萨克集群合击27师，第27师在激战中被瓦解了，第5集团军的整个战斗力受到了严重削弱。

在以后的几次行动中，敌人使红军遭受重大损失，大批战士伤亡，敌军利用了骑兵部队快速机动的优势，几次迂回和插入红军防线的后方。莫热罗夫的哥萨克骑兵部队还企图通过第 5 与第 3 集团军之间的结合处插入红军后方，封锁托博尔河渡口，截断红军退路。

战斗进行得十分紧张和激烈，敌我双方打得很顽强。搏杀持续了整整一个月，最后红军被迫退过托博尔河，但仍保持了右岸兹韦林诺戈洛夫斯卡亚地区的进攻基地。

红军的进攻暂时停止了。图哈切夫斯基觉得红军当务之急是从战争中解脱出来，进行休整、补充。是啊，经过这些天的持续战斗，红军战士早已精疲力竭了，他们何尝不渴望休息，不渴望调整一下身心呢？只是为了保卫苏维埃政权这个坚定的信念才使他们不至于垮下来，而以顽强的毅力拼杀，并且取得了好的战绩。

1919 年 10 月，第 5 集团军经过休整补充之后。已经恢复了进攻的能力。它的任务应该是抢在敌人的前面发动进攻。图哈切夫斯基决定的进攻时间比敌人早一天。他再次运用深度包围战术，把这次战役的主动权从敌人手中夺回来。休整后的第 27 师依然充满战斗的激情，他们下定决心，为了共和国，至死不屈，勇往直前。他们强渡托博尔河与敌人交锋。白军虽也奋力拼杀，但终究抵挡不住红军的进攻，被杀得大败，红军乘胜追击。第 5 集团军的下一个任务是切断敌人退向彼得罗巴甫洛夫斯克的路。由于红军已把白军挤压到库尔干至彼得罗巴甫洛夫斯克铁路以北,使第 5 集团军得以实施连续的机动行动,白军在托博尔河的失败,成为它全面溃败的开始。集团军司令在以后的战斗中制订了一个连续压迫敌人并不断迂回其侧翼的计划。

红军不断向东大踏步前进。10 月 29 日，经过顽强的战斗，第 35 师控制了彼得罗巴甫洛夫斯克市。

正如图哈切夫斯基所说,只有崇高的英雄主义才能激励这支疲惫不堪的部队前进。他认为，下步行动必须占领伊锡尔—库利车站，防止敌人在这一带铁路区重新集结。第 54 师的任务是控制科克切塔夫—阿特巴萨尔地区，保证了第 5 集团军右翼的安全。

进攻很顺利，伊锡尔—库利车站被占领。向鄂木斯克的进军在顺利地进行之中。

11 月 14 日，经过鄂木斯克郊区的多次激战，高尔察克的“首都”终于被攻克。从 10 月 14 日到 11 月 14 日，第 5 集团军在连续作战中跑了 600 俄里的路程，强渡了两条大河——托博尔河和伊沙姆河。红军经过无数次的战斗和长途跋涉，终于直捣高尔察克的老巢——鄂木斯克。

至此，东线大规模的军事行动结束了。

“东部地区最强大、最有组织的反革命势力的失败——高尔察克之被歼灭，是由同西伯利亚农民在红军有组织的领导下，反对白卫军的社会运动相结合的一系列的成功的运动所造成的。”图哈切夫斯基在1926年发表的回忆录《库尔干——鄂木斯克》就是以这段话作为结束的。这部回忆录对今天研究苏联国内战争史仍具有珍贵的价值。

鄂木斯克的陷落还有一段生动的插曲。

当红军追到鄂木斯克城郊时，白军在城内还在制造白军并未最后失败的声势。11月5日，鄂木斯克的《西伯利亚哥萨克》报在《大家要镇静》文章中还在告慰读者：“形势严重，但并不是毫无希望。鄂木斯克暂时还没有受到任何直接的威胁。红军离鄂木斯克并不比邓尼金离莫斯科近多少。”但是到了第二天，报纸的调子就大大地改变了：“公民们！拿起武器！鄂木斯克不应该投降，也不会投降。”这一类的口号已成为报纸的主题。

11月14日，第5集团军的布良斯克团经过一昼夜的骑马急驰，跨过100俄里的行程，于当天凌晨越过冰封的额尔齐斯河，突入鄂木斯克城中。这对敌人来说太突然了。一个白军将军竟跨下奔驰的雪橇，愤怒地拦住红军战士，要他们解释清楚，为什么遇到他时不给他敬礼。红军战士把他当场俘获，就是最好的解释。

鄂木斯克陷落以后，高尔察克投奔了捷克军团。这支队伍准备前往海参崴。高尔察克走在行进的队伍中，不由一阵感叹：身为白军“最高总司令”，却落得如此地步。哎，好可悲呀！红军真是厉害，图哈切夫斯基比我高，比我行，我服了。他决定让出“最高执政”的头衔，并宣布接替他工作的是邓尼金。

邓尼金也并非等闲之辈。1919 年秋季，邓尼金正在南方，即在库班一带进行反苏维埃政权的勾当。美国和其他协约国又大伸援助之手，给邓尼金提供大批武器弹药。

1919 年 6 月 30 日，邓尼金攻陷察里津，接着向莫斯科进发。在这紧急关头，列宁提出了“大家都去同邓尼金作斗争”的口号，党和苏维埃的领导工作人员和红军的生力军纷纷被派往南方战线。1918 年 8 月开始反攻。由于托洛茨基所领导的军事机关笨拙不灵、贻误战机，所以反攻没有取得胜利。邓尼金乘机反攻，接连占领了库尔斯克和奥廖尔，向土拉逼进。白卫军从来没像 1919 年 9 月这样逼近国家的中心。南方战线成为主要战线。为扭转战局，俄共（布）中央除了动员党员和团员奔赴南方战线外，还改组了南方战线的统帅部，任命叶哥罗夫为司令，斯大林为前线军事委员会委员。斯大林制订了新的作战计划。依照斯大林的计划，红军经过几度激战之后在 10 月 20 日解放了奥勒尔，接着又乘胜攻下沃罗涅什。邓尼金被迫退往黑海各港。到 1920 年初，乌克兰全境和北高加索都从白军手中解放出来了。

当南方战线战事正酣的时候，尤登尼奇在帝国主义指使下又来进攻彼得格勒，想以此来减轻邓尼金的窘局。彼得格勒再度面临极大的危险。彼得格勒的工人和红军挺身起来保卫城市，他们在党中央派来的增援部队的支援下，在南方战线捷报的鼓舞下，击溃了尤登尼奇匪军，残敌逃往爱沙尼亚。击溃邓尼金以后，红军就有可能消灭包围苏维埃国家的其他反革命力量。首先遭到彻底失败的是高尔察克白军。

然而高尔察克的失败并没有使他灰心气馁，他要等待时机，东山再起。就在溃败的高尔察克和捷克军团一起逃跑的途中，在 1920 年 1 月 5 日，逃军到达的伊尔库茨克发生暴乱，政权被社会革命党和孟什维克的“政治中心”篡夺。1 月 6 日，高尔察克的残部 2 万余人在克拉斯诺亚尔斯克城投降，保护高尔察克的捷克军团的行动也被阻止。捷克军团请求让他们过去。第 5 集团军指挥部同意他们的请求，但必须解除武装和交出高尔察克。这样，高尔察克成为革命政权的在押犯。

1920年2月7日，高尔察克被处决，结束了他“辉煌”的一生。

图哈切夫斯基身经百战，为维护苏维埃政权作出了卓越的贡献，1920年初，他升任高加索战线司令，歼灭败退到北高加索的邓尼金主力部队。1920年4月，他又被任命为西部战线司令，率军同波兰干涉军作战，经过七月攻势，红军强渡维斯瓦河，直逼华沙。1921年2月下旬，图哈切夫斯基又根据列宁的命令，平定了安东诺夫匪帮的叛乱。

国内战争结束后，图哈切夫斯基担任过苏军一系列高级职务：工农军事学院院长、西部军区司令、工农红军副参谋长、参谋长、列宁格勒军区司令、苏联革命军事委员会副主席、工农红军装备部长、国防副人民委员、国防第一副人民委员兼军训部部长，并于1935年同布琼尼、伏罗希洛夫等4名高级将领一起首批接受了“苏联元帅”的头衔。

1924年，苏联根据国内战争的经验和工农红军在新的历史条件下担负的任务，进行了重要的军事改革。图哈切夫斯基积极参加了这一工作。他亲自领导了军师两级新编制的制定和部队的整编改装工作，并参与各种新条令和新教范的制定。

图哈切夫斯基还提出了军队必须现代化的重要思想。他在担任国防副人民委员和工农红军装备部长期间，积极参与了建立和发展国家军事工业的巨大工作。图哈切夫斯基还建议狠抓军工生产，使彻底改变红军力量的军兵种构成有了可能。图哈切夫斯基还十分关心军队指挥干部和军事专业干部的训练和培养，积极倡导创办各种军事专门学校，主张军事干部接受正规教育。

图哈切夫斯基在其短暂的一生中写下了大量的军事理论著作。他努力运用马克思主义认识论和方法论的基本原理观察各种军事现象，比较系统地阐述了当代战争的性质、战略战术特点和其他有关的军事学术问题。从而在理论和实践的结合上发展了苏联早期的军事思想。

图哈切夫斯基还预见到：未来战争的特点在于它的规模空前巨大。他指出，在当今世界，“甚至两个单一国家之间的战争也有可能逐渐发展成地球上两大对立集团之间的战争……现代战争的基本特征是规模宏大。这不论就其所花费的资财、所动用的军队，还是就参战各方所占领的地区，战争进程所要持续的时间来看，都是一样的”。

基于对现代战争特点的认识，图哈切夫斯基清楚地看到，今后进行战争已不可能单单是军队自己的事情，整个国家都将不得不全力以赴地投入这种斗争。因而他认为国家工业经济资源的快速动员能力是一个国家国防战斗威力的重要标志之一。

图哈切夫斯基从来不把战争看做是一成不变的东西。他认为：战争在其发展的整个过程中，急剧地改变着自己的特征。

图哈切夫斯基在军事学术理论方面的另一重要成就，是较早地提出了关于实施大纵深作战的重要战略思想；到二战前，图哈切夫斯基还着重从理论上研究了资本主义国家的军队问题。他作为苏联军队方面的高级领导人，对法西斯德国的疯狂备战一直保持着高度警惕。1936 年，他在苏联第二届中央执行委员会的会议上再次强调了德国法西斯军队的侵略危险。历史事实充分证明了图哈切夫斯基当年对德国法西斯侵略意图的分析和判断是正确的。

在战场上，图哈切夫斯基叱咤风云，横扫一个又一个匪帮，为维护苏维埃政权立下了汗马功劳。他以别人不能与之相比的水平和能力以及他的大量的军事理论著作，使得他在军队中处于一人之下、万人之上。

但是，在政治舞台上，一直有一个阴影在笼罩、追随着他，也正是这一阴影最终吞噬了他年轻的生命，这个阴影即是他与斯大林等人产生的深深的隔阂。图哈切夫斯基生性耿直，据理力争。然而苏联的30年代是政治斗争史上尖锐复杂的年代，像图哈切夫斯基这样有才干的人，是无法保住自己的职位的。

30年代，苏联进行了肃反运动，这次运动即所谓的“大清洗运动”，涉及面广，在政界、军界、经济界、文化界的高层人物中幸免者甚微，军界中一些领导人的被杀只是整个大清洗运动的一部分。1936年6月，图哈切夫斯基以“托洛茨基反苏军事集团”案被判处死刑。

大清洗运动是苏联历史上的一大悲剧。而图哈切夫斯基案件只是这个大悲剧中不显眼的一幕而已。

但愿后人能从中总结惨痛的教训作为警戒。

值得欣慰的是：1957年以后，苏联官方和舆论界公开为图哈切夫斯基恢复名誉，纠正被歪曲了的历史，为这位已死的元帅树碑立传，恢复其本来面目。图哈切夫斯基被公认为在红军中成长起来的统帅和军事理论家。在其诞生90周年（1983年）之际，苏联人民和军队隆重纪念他，并再次肯定了他的伟大历史功绩。